Prinzipien des göttlichen Wohlstandes

E. C. Nakeli

© 2020 von E.C. Nakeli(Englische Ausgabe) © 2022 von E.C. Nakeli (Deutsche Ausgabe)

Publiziert von King's Word Publishing

Alle Rechte vorbehalten. Teile dieser Publikation dürfen ohne die schriftliche Einverständniserklärung des Verlags weder reproduziert, auf Abrufsystemen gespeichert werden, noch auf andere Weise (elektronisch, Fotokopie, Aufnahme) übermittelt werden. Ausnahme sind kurze Zitate in gedruckten Bewertungen.

Kontaktdaten des Autors:
E.C. Nakeli
Karlstrasse 4
75053 Gondelsheim
Germany
E-mail: ecnakeli@yahoo.com

Originaltitel: Principles of Divine Prosperity/E.C. Nakeli

ISBN: 978-1-945055-52-2

Sofern nicht anders angegeben stammen alle biblischen Referenzen aus

THE HOLY BIBLE, NEW INTERNATIONAL VERSION®,

NIV®

Copyright © 1973, 1978, 1984, 2011 by Biblica, Inc™

Gebrauch mit Erlaubnis. Alle Rechte weltweit vorbehalten.

Deutsche Übersetzung: Anansa Sama und Anastasia Reiter

Prinzipien des göttlichen Wohlstandes

Inhalt

Widmung vi

Danksagung vii

Vorwort viii

Einleitung 10

   Die Reichweite göttlichen Wohlstands 12

   Wohlstand ist Gottes Wille 12

   Der Motor göttlichen Wohlstands 14

   Zwei Arten von Wohlstand 15

Prinzip Nr. 1 17

Die richtige Einstellung 17

   Armut ist ein Fluch 17

   Armut ist eine Folge von Faulheit 20

   Mehr als nur Bekenntnisse 21

   Stolz 22

   Mangel an Disziplin 23

   Abstammungswurzeln 25

   Gott versetzte Abraham 27

   Ahnenforschung ist wichtig 28

   Wer ist der Bezugspunkt in deiner Abstammung? 30

   Die neuen Wurzeln verstehen 32

Prinzip Nr. 2 34

Ehrlichkeit und Integrität 34

   Ehrliche geschäftliche Beziehungen 36

Entscheide dich für eine Seite 37
Du kannst neu anfangen 39
Langsam und stetig ist besser 40
Prinzip Nr. 3..42
Fleiß 42
Zwei Arten von Arbeit 43
Wie man Fleiß entwickelt..46
Die Belohnung für Fleiß...52
Prinzip Nr. 4..54
Großzügigkeit..54
Sei ein Geldverleiher 55
Das Geheimnis...56
Prinzip Nr. 5..71
Treue und Beständigkeit...71
Überzeugung entwickeln...73
Disziplin ist erforderlich 74
Gib dein Bestes 75
Setzte Fristen 75
Wenn keiner an dich glaubt 76
Prinzip Nr. 6..80
Hingabe 80
Verlass dich nicht auf deinen Verstand 82
Erkenne ihn auf allen deinen Wegen 83
Halte dich nicht selbst für weise 87

Prinzipien des göttlichen Wohlstandes

- Menschen werden um deine Gunst werben 89
- Freunde in hohen Positionen 90

Prinzip Nr. 7 95

Eine starke Beziehung zu Jesus 95
- Die Notwendigkeit von Reife 96
- Wie eine starke Beziehung aussieht 98
- Die Kraft des Wortes Gottes: 99
- Göttliche Anweisungen entschlüsseln 100
- Manchmal spricht er durch andere 101

Prinzip Nr. 8 104

Verstehe die Kraft des Segens 104
- Die Kraft des Segens 104
- Abraham verstand die Kraft des Segens 106
- Es hat bei Jakob funktioniert 108
- Du bist ein Kandidat 109

Prinzip Nr. 9 111

Setze das Königreich Gottes an erste Stelle 111
- Schuften wie ein Elefant, ernten wie eine Ameise 113

Prinzip Nr. 10 119

Opfer und Bund mit Gott 119
- Bund durch Opfer 119
- Bund des Zehnten und Opfergaben 121
- Gottes Herausforderung an dich 123

Schlusswort 127

Widmung

Dieses Buch widme ich meinem Freund Apostel Robinson Fondong. Du bist ein starker Anhänger des göttlichen Wohlstandes und es ist dein Herzenswunsch zu sehen wie Gottes Heilige die Fülle von göttlichem Wohlstand auf Gottes Art und Weise erleben. Möge Gott dich dazu benutzen Millionen aus der Armut, sowohl mentaler als auch materieller, in den göttlichen Wohlstand zu führen.

Danksagung

Ich bedanke mich bei meiner geliebten Ehefrau Madeleine, meine treuste Partnerin im Dienst. Ein Dankeschön an meine Kinder Maaseiah, Mashal und Loria. Ebenfalls ein Dankeschön an meine Schwägerin Jeanette, alias Unlimited Greatness, meine gottgegebene französische Übersetzerin. Bei allen Partnern im Dienst, sowohl gegenwärtigen als auch zukünftigen, bedanke ich mich herzlich. Möge der Herr euch alle reichlich segnen.

Vorwort

Dieses Buch "Prinzipien des göttlichen Wohlstandes" entstand aus einer Predigt, die ich im Dezember 2019 auf einer internationalen Konferenz von EMEC in Kamerun gehalten habe. Ich wurde von meinem Freund Apostel Bischof Robinson Fondong von Missionary Fellowship International, Maryland USA eingeladen gemeinsam mit ihm auf dieser Konferenz zu dienen. Am Tag meiner Predigt war der internationale Präsident der Christian Missionary Fellowship International and Associated Churches, Professor Bischof Joseph Mbafor auch unter den mehreren tausend anwesenden Menschen.

Zwei Tage nach meinem Dienst bat er mich um ein Exemplar meines Buches, das die Predigt enthalte. Leider hatte ich diese Botschaft nur für die Konferenz vorbereitet und noch kein Buch zu diesem Thema geschrieben. Andere

Prinzipien des göttlichen Wohlstandes

Teilnehmer der Konferenz fragten auch, welches meiner Bücher das Thema beinhalte. Diese Nachfrage führte zur Weiterentwicklung der Predigt hin zu diesem Buch, das du in deiner Hand hältst. Natürlich enthält dieses Buch Einzelheiten, die ich unmöglich in eine 45-minütige Predigt aufnehmen konnte.

"Prinzipien des göttlichen Wohlstandes" ist kein Zauberhandbuch für Reichtum über Nacht. Es ist ein Buch aus jahrelang gesammelter Erfahrung und Prinzipien aus dem Wort Gottes, die zu einem erfolgreichen Leben führen. Es ist mein Gebet und Herzenswunsch, dass du beim Lesen neben der Begeisterung auch die Zeit findest diese Prinzipien anzuwenden, um auf Gottes Art und Weise erfolgreich zu sein.

Einleitung

„Mein Lieber, ich wünsche dir in allen Dingen Wohlergehen und Gesundheit, so wie es deiner Seele wohl geht! " (3. Johannes 1:2 SCH2000)

Das Wort "Wohlergehen" in diesem Bibelvers stammt vom griechischen Wort „euodoō". In Strong's Lexikon Griechisch/Deutsch entspricht das der Nummer G2137 und bedeutet ein Ziel mit Hilfe zu erreichen, weil man auf dem Weg Unterstützung bekommen hat. Es bedeutet auch eine erfolgreiche Reise zu haben, bildlich eine gelungene Geschäftsabmachung. Letztendlich kann es auch bedeuten auf eine direkte und einfache Weise geleitet zu werden.

Wenn die Bibel von Wohlstand spricht, dann heißt es von Gott selbst auf direktem und einfachem Weg geführt zu werden um im Leben siegreich zu sein, wobei ohne ihn wahrer Erfolg unmöglich ist. Die Essenz des göttlichen

Prinzipien des göttlichen Wohlstandes
Wohlstands besteht darin, dass die Dinge immer besser werden. Wenn du deine heutige Lage betrachtest, sollte sie besser sein als deine gestrige und deine zukünftige sollte besser sein als deine heutige.

Gott hat den Weg, den du im Leben einschlägst, so gebahnt, dass er stets zur Verbesserung führt. Sprüche 4:18 (SCH2000) sagt **„Aber der Pfad des Gerechten ist wie der Glanz des Morgenlichts, das immer heller leuchtet bis zum vollen Tag."** Das bedeutet, du gehst von Glanz zu Glanz, von gut zu besser, von besser zum Besten. Dies stimmt mit anderen Aspekten, die die Bibel lehrt, überein.

Beispielsweise sollen wir von Kraft zu Kraft (Psalm 84:8), von Glauben zu Glauben (Römer 1:17), und von Herrlichkeit zu Herrlichkeit (2.Korinther 3:18) schreiten. Es ist wahr, dass man kurzzeitige Rückschläge erleben kann, aber insgesamt sollte beim Betrachten des Gesamtbildes von Tag zu Tag eine Verbesserung zu sehen sein. Es mag Tunnel auf dem Weg geben, manchmal sogar viele, aber es wird immer Licht da sein, das heller ist als vor den Tunneln.

Die Reichweite göttlichen Wohlstands
Göttlicher Wohlstand dreht sich nicht um Gold oder Silber, sondern um jede Facette unseres Lebens. Der Ausdruck „in allen Dingen" kann auch mit „über alles" oder „alles betreffend" oder „in jeder Hinsicht" übersetzt werden. Daher ist ein reicher Mann mit einem zerbrochenen Zuhause aus biblischer Sicht nicht unbedingt wohlhabend. Ein Reicher mit einem kaputten geistlichen Leben ist nach Gottes Standard nicht wohlhabend. Göttlicher Wohlstand umfasst jeden Aspekt unseres Lebens, sozial, geistlich, emotional, finanziell, professionell, intellektuell, mental usw.

Wohlstand ist Gottes Wille

Als Apostel Johannes schrieb, dass er den Geschwistern Wohlergehen wünsche, war das kein frommer Wunsch. Das griechische Wort bedeutet eigentlich zu Gott zu beten. Also meinte er „Ich bete zu Gott, damit es euch wohlergeht". Dieser großartige Apostel, der bereits seit vielen Jahren mit Gott unterwegs war, hatte verstanden, dass es Gottes Wille ist, dass sein Volk im Wohlstand lebt.

Prinzipien des göttlichen Wohlstandes

Es steht geschrieben „**Der Segen des Herrn macht reich, und [eigene] Mühe fügt ihm nichts hinzu**" (Sprüche 10:22 SCH2000). Reichtum ohne Mühe ist Gottes Wille für sein Volk. Es steht auch geschrieben

> „**17** und damit du nicht in deinem Herzen sagst: Meine eigene Kraft und die Stärke meiner Hand hat mir diesen Reichtum verschafft! **18** So gedenke doch an den Herrn, deinen Gott — denn Er ist es, der dir Kraft gibt, solchen Reichtum zu erwerben —, damit er seinen Bund aufrechterhält, den er deinen Vätern geschworen hat, wie es heute geschieht." (5.Mose 8:17-18 SCH2000)

Gott gibt die Fähigkeit Reichtum zu erlangen und das ist nur ein Aspekt von Wohlstand. Daher kann Wohlstand nichts Schlechtes sein, denn es ist der Herr selbst, der uns die Fähigkeit dafür gibt. Dies führt uns zu unserem nächsten Punkt.

Die Grundlage göttlichen Wohlstands

> „**9** Denn ihr kennt ja die Gnade unseres Herrn Jesus Christus, dass er, obwohl er reich war, um euretwillen arm wurde, damit ihr durch seine Armut reich würdet." (2. Korinther 8:9 SCH2000)

> „**13** Christus hat uns losgekauft von dem Fluch des Gesetzes, indem er ein Fluch wurde um unsertwillen (denn es steht geschrieben: »Verflucht ist jeder, der am Holz hängt«), **14** damit der Segen Abrahams zu den

Heiden komme in Christus Jesus, damit wir durch den Glauben den Geist empfingen, der verheißen worden war." (Galater 3:13-14 SCH2000)

Die Grundlage von göttlichem Wohlstand ist das vollendete Werk der Erlösung am Kreuz von Golgatha. Als Jesus starb, wurde er Sünde, damit wir heilig werden können. Er wurde arm, damit wir reich werden können. Er nahm unsere Krankheit, damit wir gesund leben können. Er wurde bestraft, sodass wir frei werden können. Wir sind durch die Erlösung am Kreuz von Sünde, Krankheit, Armut und der Herrschaft Satans befreit. Es wäre unvollständig und einseitig nur ein paar Aspekte der Erlösung am Kreuz hervorzuheben und andere wegzulassen.

Der Motor göttlichen Wohlstands

Der Motor göttlichen Wohlstands ist die Seele. Die Seele bestimmt wie erfolgreich ein Mann oder eine Frau in diesem Leben sein wird. Der Apostel Johannes betete für das Wohlergehen der Gemeinde so wie es ihrer Seele wohl geht, das heißt in gleicher Weise wie es ihrer Seele wohl geht. Göttlicher Wohlstand steht unmittelbar im Verhältnis zum Wohlergehen deiner Seele. Bedenke, deine Seele

Prinzipien des göttlichen Wohlstandes
besteht aus deinem Verstand, deinem Willen und deinen Emotionen. Während wir die Schlüssel zu göttlichem Wohlstand studieren, wirst du erkennen, wie jeder Bereich unserer Seele eine Rolle beim Umfang unseres Erfolges spielt.

Zwei Arten von Wohlstand

Du hast bestimmt festgestellt, dass ich eine starke Betonung auf göttlichen Wohlstand lege. Denn es gibt zwei Arten von Wohlstand. Man unterscheide zwischen göttlichem Wohlstand und Wohlstand der Gottlosen (Psalmen 73:3). Göttlicher Wohlstand steht in Übereinstimmung mit den Prinzipien, Werten und Wegen Gottes, wie die Bibel sie uns offenbart. Im Gegensatz dazu verletzt der Wohlstand der Gottlosen göttliche Werte, Gesetzte und Prinzipien.

Wenn ich Reichtum und Wohlstand erlange durch Ausbeutung und Betrug, dann ist mein Wohlstand nicht göttlich, sondern gottlos. Es gibt Männer Gottes, deren Wohlstand gottlos ist und nicht göttlich, weil sie die

Schwachen, Armen, Unwissenden und Wehrlosen ausnutzen.

Andererseits gibt es Ungläubige, deren Wohlstand göttlich ist, weil ihr Wohlstand auf biblischen Werten aufbaut.

Eines solltest du über Prinzipien verstehen: Wer sie korrekt anwendet, erzielt Vorteile daraus. Es ist möglich reich zu werden durch die Anwendung von Prinzipien für finanziellen Erfolg während gleichzeitig die Seele auf dem Weg in die Höhle ist. Auch dies kann man nicht vollständig als göttlichen Wohlstand gelten lassen, denn ein wichtiger Teil deines Lebens profitiert nicht, nämlich der Geist. Das führt uns zum ersten Prinzip für göttlichen Wohlstand: Die richtige Einstellung.

Prinzip Nr. 1

Die richtige Einstellung

Der Verstand ist das Schlachtfeld des Lebens. Deine Einstellung zum Thema göttlicher Wohlstand ist wesentlich um deine Erbschaft des göttlichen Wohlstands anzutreten. Lasst uns gemeinsam schauen in welchen Bereichen wir unsere Einstellung verändern müssen:

Armut ist ein Fluch

Es gibt viele Menschen, die fälschlicherweise daran glauben, dass Armut ein Segen sei. Anders ausgedrückt sehen sie es als Spiegelung der Spiritualität. Wenn du so eine Einstellung hast, dann wirst du möglicherweise dein Leben lang arm bleiben. Armut ist und wird niemals ein Segen sein. Es ist eine Sache, reich zu sein und jedoch bescheiden zu leben, weil du für Bedürftige sorgst oder in das Königreich Gottes investierst. Es ist etwas anderes, wenn du für dich selbst nicht sorgen kannst und dadurch von anderen abhängig bist. In solch einer Lage zu sein macht das Leben erbärmlich und führt zu Eifersucht und Habsucht. Jakobus sagt,

"**[1] Woher kommen die Kämpfe und die Streitigkeiten unter euch? Kommen sie nicht von den Lüsten, die in euren Gliedern streiten? [2] Ihr seid begehrlich und habt es nicht, ihr mordet und neidet und könnt es doch nicht erlangen; ihr streitet und kämpft, doch ihr habt es nicht, weil ihr nicht bittet. [3] Ihr bittet und bekommt es nicht, weil ihr in böser Absicht bittet, um es in euren Lüsten zu vergeuden." (Jakobus 4:1-3 SCH2000)**

Wenn die Sehnsüchte der Menschen nicht erfüllt werden, weil die Mittel dafür nicht ausreichen, ist es sehr wahrscheinlich, dass Kämpfe, Streitereien und sogar Mord geschehen. Es passiert einem armen Mann leichter Neid und Eifersucht gegenüber dem zu entwickeln, der Besitz hat. Armut kann dich also in Sünde leiten. Deshalb lesen wir in Sprüche 10:15

Prinzipien des göttlichen Wohlstandes

„**¹⁵ Der Besitz des Reichen ist für ihn eine feste Stadt, die Armut der Bedürftigen aber ist für sie ein Unglück."
Sprüche 10:15 SCH2000** Es ist weder der Feind des Armen, der sie zerstört, noch ist es der Teufel, sondern hinter dem Ruin der Armen steckt die Armut selbst. Armut ist eine zerstörerische Kraft und Zerstörung ist kein Segen. Bei der Auflistung der Flüche der Gesetze sagte Mose
„**⁴⁸… musst du deinen Feinden, die der Herr gegen dich senden wird, dienen in Hunger und Durst, in Blöße und in Mangel an allem; und er wird ein eisernes Joch auf deinen Hals legen, bis er dich vertilgt hat." 5. Mose 28:48 SCH2000**
Wie kann Armut ein Segen sein, wenn es sogar als Fluch aufgelistet ist? Das wäre doch ein Widerspruch, nicht wahr?

Wie in aller Welt kann es ein Segen sein, wenn du nicht zu deiner Zufriedenheit essen kannst oder gesundes trinken kannst? Wie kann es ein Segen sein, wenn du dich nicht gut kleiden kannst. Wie kann es ein Segen sein, wenn du krank bist oder dein Kind krank ist und du die nötigen

Medikamente nicht kaufen kannst? Ich betone dies, weil es sehr wichtig ist für die Befreiung von vielen.

Wenn du glaubst, dass Armut ein Segen sei, dann wird Gott dich nicht von einem Segen befreien, denn er befreit uns nur von Flüchen und Gefahren. Möge Gott einen göttlichen Hass gegen Armut und all ihre Erscheinungsformen in dein Herz einpflanzen, denn dies sind Anzeichen dafür möglicherweise unter einem Fluch zu stehen.

Armut ist eine Folge von Faulheit

Es gibt Menschen, die nicht wegen eines Fluchs arm sind, sondern wegen Faulheit. Faulheit ist in vielen Fällen die Grundursache für Armut. Es steht geschrieben „[15] **Faulheit versenkt in tiefen Schlaf, und eine träge Seele muss hungern.**" (Sprüche 19:15 SCH2000) und "[10] **Ein wenig schlafen, ein wenig schlummern, ein wenig die Hände in den Schoß legen, um zu ruhen«:** [11] **so holt dich die Armut ein wie ein Läufer, und der Mangel wie ein bewaffneter Mann!**" (Sprüche 6: 10-11 SCH2000)

Prinzipien des göttlichen Wohlstandes
Du siehst hier, dass Faulheit eine offene Tür für den Geist der Armut ist. Armut wird hier als ein bewaffneter Räuber bezeichnet und ist ein Geist, der sich in dein Leben zwingt durch die Tür der Faulheit. Während also für manche eine einfache Gewohnheitsänderung ausreichend ist um die Kette der Armut zu brechen, ist für andere eine Befreiung vom Geist der Armut notwendig.

Mehr als nur Bekenntnisse

Bekenntnisse und Erklärungen sind wichtig, aber man kann nicht nur durch Bekenntnisse aus Armut austreten. Ausreichend harte Arbeit ist erforderlich.

Zu diesem Punkt kommen wir später nochmal, vorerst reicht es zu betonen, dass „**[4] Eine nachlässige Hand macht arm, aber eine fleißige Hand macht reich.**" (Sprüche 10:4 SCH2000) und „**[23] Wo man sich alle Mühe gibt, da ist Überfluss, aber wo man nur Worte macht, da herrscht Mangel.**" (Sprüche 14:23 SCH2000). Gerede alleine, egal ob du es als Bekenntnisse oder Proklamationen bezeichnest, ohne übereinstimmende Taten sind Erscheinungsformen der Faulheit.

Stolz

Noch eine Hauptursache von Armut ist Stolz. Stolz hat viele Erscheinungsformen, aber hier befasse ich mich mit zwei Formen, die zur Armut führen können. Erstens die Unfähigkeit Ratschläge oder Beratungen anzunehmen und zweitens die Verachtung von bescheidenen Anfängen.

In Bezug auf die Unfähigkeit auf Ratschläge zu hören oder den Ungehorsam gegenüber weiser Beratung sagt die Bibel **„[18] Wer Zucht verwirft, gerät in Armut und Schande, wer aber auf Zurechtweisung achtet, kommt zu Ehren." (Sprüche 13:18 SCH2000)**

Viele Menschen befinden sich in einem Kreislauf des Aufstiegs und Falls, weil sie denken, dass sie alles wissen. Manche stecken seit Jahren in derselben Situation, weil sie Alleswisser sind und sich Verbesserungsvorschlägen verweigern. Es gibt Menschen, die alles, wofür sie sehr hart gearbeitet haben, verloren haben, weil sie Verbesserungsvorschläge nicht angenommen haben. Wie

Prinzipien des göttlichen Wohlstandes
reagierst du auf Verbesserungsvorschläge, besonders von Menschen, die mehr Lebenserfahrung haben als du?

In Bezug auf Verachtung von bescheidenen Anfängen sagt die Bibel **„Denn wer ist's, der den Tag geringer Anfänge verachtet? (...)" (Sacharja 4:10 SCH2000).** Durch die Verachtung von kleinen Anfängen verlierst du die Möglichkeit zu wachsen. Dadurch verpasst du es, dem Herrn die Gelegenheit zu geben, deine eigenständige Arbeit zu segnen. Was kannst du tun? **„Und dein Anfang wird gering sein, aber dein Ende wird er sehr groß machen" (Hiob 8:7 SCH2000).** Der Anfang könnte sehr klein und unwürdig erscheinen, aber die Anwendung von Prinzipien des Wohlstands führt zur Erhöhung und einem glorreichen Ende.

Mangel an Disziplin

Wie führt der Mangel an Disziplin zur Armut? Wenn du mehr als dein Einkommen ausgibst, dann lebst du höchstwahrscheinlich in Schulden und somit arbeitest du eigentlich für deine Kreditgeber, denen du natürlich Zinsen zahlen musst.

Nach Gottes Wille sind es die Gesegneten, die Geld verleihen und die Verfluchten, die Geld leihen. Die Geldverleiher herrschen über die, die Geld borgen. Es steht geschrieben „[7] **Der Reiche herrscht über die Armen, und wer borgt, ist der Knecht des Gläubigers." (Sprüche 22:7 SCH2000).** Mangel an Disziplin offenbart sich durch hohe Ausgaben und keinen Investitionen.

„[6] **Denn der Herr, dein Gott, wird dich segnen, wie er es dir verheißen hat. So wirst du vielen Völkern leihen, du aber wirst dir nichts leihen müssen; du wirst über viele Völker herrschen, sie aber werden nicht über dich herrschen." 5. Mose 15:6 SCH2000.**

„[12] **Der Herr wird dir den Himmel, seinen guten Schatz, auftun, um deinem Land Regen zu geben zu seiner Zeit, und um alle Werke deiner Hände zu segnen. Und du wirst vielen Völkern leihen; du aber wirst dir nichts ausleihen müssen." 5. Mose 28:12 SCH2000.**

Du kannst nicht über die regieren, von denen du etwas ausleihst.

Prinzipien des göttlichen Wohlstandes

Abstammungswurzeln

Es gibt Menschen, die nicht wegen Faulheit, Stolz oder Disziplinlosigkeit arm sind. Sie arbeiten fleißig, gehen diszipliniert mit Geld um, nehmen Anweisungen an, aber wenn man in ihr Leben hinein schaut, haben sie nichts für die harte Arbeit und Disziplin vorzuzeigen. Solche Menschen erleben diese Einschränkung möglicherweise aufgrund ihrer Vorfahren. Zum Beispiel gibt es Familien, die extrem hart arbeiten und trotz allem schafft es keiner von ihnen, dem Griff der Armut zu entkommen. Egal wie gebildet und unternehmungslustig sie sein mögen, Armut scheint eine Festung für sie zu sein. Manchmal kann eine ganze Kommune von dieser angestammten Ursache der Armut betroffen sein.

Es gibt Stämme von Hunderttausenden, sogar Millionen von Menschen, die von diesem angestammten Fluch der Armut betroffen sind. Manchmal ist sogar eine ganze Nation durch diese angestammte Wurzel der Armut gebunden. Man sieht enorme natürliche, menschliche und intellektuelle Ressourcen und trotzdem hat die Nation nichts vorzuzeigen.

Menschen, die durch eine angestammte Wurzel der Armut gebunden sind, leben nach ihrer Bekehrung zu Christus weiterhin in Armut. Das liegt nicht daran, dass unsere Erlösung nicht die Befreiung aus Armut beinhaltet, sondern daran, dass den Menschen nicht gelehrt wird, dass selbst in Christus nichts automatisch abläuft. Was du dir nicht als Erbe in Christus aneignest, wirst du nicht besitzen. Beispielsweise ist Christus für die vergangenen, gegenwärtigen und zukünftigen Sünden der Menschheit gestorben. Trotzdem leben viele in Sünde, weil sie Christus nicht als ihre Errettung angenommen haben. Viele, die zu Christus kommen, leiden immer noch unter Krankheiten bis sie Christus als ihren Heiler und ihre Gesundheit angenommen haben. Leider wird nur wenigen beigebracht genauso mit Armut umzugehen.

Der Herr Jesus wurde arm, damit du reich wirst. Obwohl es eine vollbrachte Tatsache ist, wird es nicht Realität bis du es aktiv durch Glauben annimmst. Um den Einfluss angestammter Wurzeln beseitigen zu können, lasst uns gemeinsam Abrahams Fall betrachten.

Prinzipien des göttlichen Wohlstandes
Gott versetzte Abraham
In 1. Mose Kapitel 12 ab Vers 1 sagte Gott zu Abraham: „**[1] Der Herr aber hatte zu Abram gesprochen: Geh hinaus aus deinem Land und aus deiner Verwandtschaft und aus dem Haus deines Vaters in das Land, das ich dir zeigen werde! [2] Und ich will dich zu einem großen Volk machen und dich segnen und deinen Namen groß machen, und du sollst ein Segen sein. [3] Ich will segnen, die dich segnen, und verfluchen, die dich verfluchen; und in dir sollen gesegnet werden alle Geschlechter auf der Erde!" (1. Mose 12:1-3 SCH2000).** Damit Abraham in die Fülle des von Gott versprochenen Segens eintreten konnte, musste er auf vielen Ebenen entwurzelt werden. Abraham musste von seinen nationalen, seinen Stammes- und seinen Familienwurzeln getrennt werden. Eine dreifache Trennung war erforderlich, um vollständig den von Gott versprochenen Segen erhalten zu können.

Es gibt das Prinzip, dass du dich erfolgreich trennen musst, um vollständig in das einzutreten, was Gott mit dir vor hat. Bedenke, dass alles, was am Kreuz vollbracht wurde, von dir angeeignet und durchgesetzt werden muss. Als Gott

Abraham versetzte und ihn segnete, weil er sich auf drei Ebenen getrennt hatte, konnte nichts seinen Segen verhindern. So wurde Abraham der Bezugspunkt in der Ahnenforschung der Juden.

Ahnenforschung ist wichtig
Es gibt ein Prinzip der Generationensünde und der daraus resultierenden Flüche, die Auswirkungen haben im Leben von Menschen mehrere Generationen später. Gott ist ein Gott der Generationen. In 2. Mose 34:6-7 beschreibt der Herr sich selbst als „⁶ **Und der Herr ging vor seinem Angesicht vorüber und rief: Der Herr, der Herr, der starke Gott, der barmherzig und gnädig ist, langsam zum Zorn und von großer Gnade und Treue; ⁷ der Tausenden Gnade bewahrt und Schuld, Übertretung und Sünde vergibt, aber keineswegs ungestraft lässt, sondern die Schuld der Väter heimsucht an den Kindern und Kindeskindern bis in das dritte und vierte Glied!" (2.Mose 34:6-7 SCH2000)**
Um Abstammungswurzeln angemessen zu behandeln, solltest du mindestens vier Generationen zurückgehen, angefangen bei deinen Eltern über die Großeltern

Prinzipien des göttlichen Wohlstandes

beidseits, dann die Urgroßeltern ebenfalls beidseits und letztendlich bis zu den Ururgroßeltern auch beidseits. Nimm die nötigen Trennungen vor, die Trennung von Bündnissen, Sünde, Negativem, einschließlich des Fluchs der Armut, die sie möglicherweise an dich weitergegeben haben. In Jesaja 51:1-2 sprach der Herr zu Israel „**[1] Hört auf mich, ihr, die ihr der Gerechtigkeit nachjagt, ihr, die ihr den Herrn sucht! Seht auf den Felsen, aus dem ihr gehauen, und auf den Brunnenschacht, aus dem ihr gegraben seid! [2] Seht auf Abraham, euren Vater, und auf Sarah, die euch geboren hat; denn als Einzelnen habe ich ihn berufen und ihn gesegnet und gemehrt."(Jesaja 51:1-2 SCH2000).** Der Herr machte sie darauf aufmerksam, dass ihr Leben ihre Wurzeln reflektieren sollte.

Meine Fragen an dich sind:

Aus welchem Felsen wurdest du gehauen?
Aus welchem Brunnenschacht wurdest du gegraben?
Was befand sich in dem Felsen, von dem du abgetrennt wurdest und in dem Brunnenschacht, aus dem du herausgeholt wurdest? Dies sind sehr wichtige Fragen, die du beachten solltest.

Ich habe einmal in Deutschland gedient und gefragt, wie viele den Namen ihres Vaters kennen und jede Hand ging nach oben. Daraufhin bat ich diejenigen, die den Namen ihres Großvaters kennen, ihre Hände oben zu behalten, und einige Hände blieben übrig. Als ich fragte, wie viele den Namen ihres Urgroßvaters kennen, blieb nur noch eine Hand übrig. Als ich beim Ururgroßvater ankam, war keine Hand mehr übrig. Die meisten der Anwesenden stammten aus Afrika.

Was deine Vorfahren gemacht haben, könnte dich heute noch beeinflussen, falls du dich noch nicht aktiv von diesen Verbindungen getrennt hast. Du bist nicht vom Himmel gefallen. Obwohl du als ein neugeborener Gläubiger vom Himmel stammst, musst du es dir aneignen und für dich einsetzen. Dies fängt mit der dreifachen Trennung an, die Gott Abraham empfohlen hatte.

Wer ist der Bezugspunkt in deiner Abstammung?

In 1. Samuel 9:1-2, als der Herr die Abstammung von Saul auflistet, geht er bis zur fünften Generation zurück. Normalerweise wird in der Bibel bis zur dritten oder

Prinzipien des göttlichen Wohlstandes

vierten Generation zurückgeblickt, aber in Sauls Fall wird bis zur fünften Generation zurückgegangen, bis zu Aphiach. Aphiach war der Bezugspunkt von Sauls Stammbaum, denn das Wort bedeutet von den Wurzeln aufwärts erneuert oder aufgefrischt zu werden. Es gab nämlich einen Punkt in dieser Abstammungslinie an dem es zu einer Auffrischung und Erneuerung kam, nachdem viele Generationen sich von Gott abgewandt hatten.

Wenn du auf deine Vorfahren zurückschaust, gab es da einen Punkt der Auffrischung? Wenn nicht, kannst du zu diesem Punkt der Auffrischung werden, indem du aus den negativen Einflüssen der vergangenen Generationen ausbrichst. Es gibt keinen Zweifel, dass alle Nachkommen Aphiach wohlhabende Männer Israels waren. Kis, der Vater Sauls, und Ner, sein Bruder, waren beides reiche Männer. Ihre Kinder haben das Königreich über 40 Jahre lang regiert. Wenn deine Armut von den Einflüssen deiner Vorfahren stammt, dann kann dir nichts helfen außer die Anwendung der dreifachen Trennung von deinen nationalen, Stammes- und Familienwurzeln.

Die neuen Wurzeln verstehen

Öfter werde ich wegen meines afrikanischen Akzentes gefragt woher ich komme und sehr oft antworte ich indem ich sage „Ich bin himmlisch". Wenn sie fragen, was das bedeutet, erkläre ich, dass ich vom Himmel komme. Manchmal fahre ich fort und erzähle, dass ich ursprünglich aus Kamerun komme, aber nun komme ich aus dem Himmel. Weil ich von Gott in Gottes Königreich versetzt worden bin, habe ich mich von den Einflüssen meines ursprünglichen Herkunftslandes getrennt. Ich ordne mich nicht mehr automatisch diesem Land zu.

Deine neue Nationalität ist „himmlisch". Du musst dich aktiv zu einem himmlischen Staatsbürger erklären.

„20 Unser Bürgerrecht aber ist im Himmel, von woher wir auch den Herrn Jesus Christus erwarten als den Retter," (Philipper 3:20 SCH2000)

Du hast nicht nur eine neue Nationalität, sondern auch einen neuen Stamm. Dein neuer Stamm ist Christ. **„9 Ihr aber seid ein auserwähltes Geschlecht, ein königliches Priestertum, ein heiliges Volk, ein Volk des Eigentums, damit ihr die Tugenden dessen verkündet, der euch aus**

Prinzipien des göttlichen Wohlstandes

der Finsternis berufen hat zu seinem wunderbaren Licht."

(1. Petrus 2:9 SCH2000)

"19 So seid ihr nun nicht mehr Fremdlinge ohne Bürgerrecht und Gäste, sondern Mitbürger der Heiligen und Gottes Hausgenossen," (Epheser 2:19 SCH2000)
Und schließlich ist auch deine Familie aus Christus. Du wurdest von oben in Gottes Familie hineingeboren. **„28 Da ist weder Jude noch Grieche, da ist weder Knecht noch Freier, da ist weder Mann noch Frau; denn ihr seid alle einer in Christus Jesus. 29 Wenn ihr aber Christus angehört, so seid ihr Abrahams Same und nach der Verheißung Erben." (Galater 3:28-29 SCH2000)**

Höre auf zu sagen "so wird es gemacht in meinem Land oder Stamm oder Familie", denn du gehörst nicht mehr dazu.

Prinzip Nr. 2

Ehrlichkeit und Integrität

Gott versprach Abraham, ihn zu segnen und seinen Namen unter den Nationen zu erhöhen. Ein paar Jahre später können wir gewissermaßen sagen, dass Abraham einen Kompromiss einging, indem er seine Frau dem Pharao überließ und im Gegenzug viele Güter und Reichtum erhielt.

Der Herr offenbarte sich Abraham und sprach zu ihm: „**1 Als nun Abram 99 Jahre alt war, erschien ihm der Herr und sprach zu ihm: Ich bin Gott, der Allmächtige. Wandle vor mir und sei untadelig! 2 Und ich will meinen Bund schließen zwischen mir und dir und will dich über alle Maßen mehren!**" **1. Mose 17: 1-2 SCH2000.** Gottes Bund der Steigerung und des Segens war von Abrahams Tadellosigkeit und Treue abhängig. Die Erfüllung des Segensbundes war eine Folge seiner Reaktion auf Gottes Ermahnung.

Prinzipien des göttlichen Wohlstandes

Ich habe gesehen wie Gläubige, sogar bekennende Männer Gottes, sich auf hinterhältige Weise Vorteile verschafften um reich zu werden und gesegnet zu erscheinen. Du brauchst keine teuflischen Methoden um himmlischen Segen zu bekommen. Ehrlichkeit im Unternehmen ist ein sicherer Weg zu wahrem, langanhaltendem Erfolg. Deshalb ermahnt der Autor von Sprüche 22 „**22 Wer nach Reichtum jagt, ist ein habgieriger Mann, und er weiß nicht, dass Mangel über ihn kommen wird." (Sprüche 28:22 SCH2000).** Wenn es dein Hauptziel ist, reich zu werden, dann wirst du ein böses Auge entwickeln. Ein böses Auge schaut auf andere mit der Absicht, sie durch ihre Schwächen auszunutzen. Es sucht nach Lücken im System um sie auszubeuten. Es macht ihm nichts aus auf anderen herumzutrampeln, solange es Gewinn bringt. Schaue dich um und du wirst sehen, dass es viele in dieser Gesellschaft gibt, die einmal wohlhabend waren und heute alles verloren haben. In den meisten Fällen jagten sie dem Reichtum nach und alle Mittel waren ihnen dafür recht. Sie wussten nicht, dass Armut auf sie wartete um sie mitten auf dem Weg zu treffen.

Ehrliche geschäftliche Beziehungen

Unehrliche Geschäfte sollten keinen Platz bei Gottes Volk haben. Ja, Gott hat die Umstände immer wieder genutzt, um die betrügerischen Aktivitäten einiger aufzudecken, die seinen Namen bekennen. Als der Herr sein Volk auserwählte und sie aus Ägypten brachte, befahl er ihnen ehrlich bei Geschäften untereinander und mit Fremden zu sein. 5. Mose 25: 13-16 sagt „**13 Du sollst in deinem Beutel nicht zweierlei Gewichtsteine haben, große und kleine! 14 In deinem Haus soll nicht zweierlei Hohlmaß sein, ein großes und ein kleines! 15 Du sollst volles und rechtes Gewicht und volles und rechtes Hohlmaß haben, damit du lange lebst in dem Land, das dir der Herr, dein Gott, gibt. 16 Denn jeder, der so etwas tut, ist dem Herrn, deinem Gott, ein Gräuel, jeder, der Unrecht tut." (5. Mose 25:13-16 SCH2000)**

Entscheide dich als Christ oder Christin gegen unehrliche geschäftliche Beziehungen. Tue nicht so als benutztest du korrekte Zahlen, wenn du weißt, dass sie zu deinem Vorteil verändert wurden.

Prinzipien des göttlichen Wohlstandes

Nach meinem Studium wollte ich in das Geschäft meines Cousins einsteigen, das landwirtschaftliche Produkte wie Kakao und Kaffee kaufte und verkaufte. Er und sein Partner sagten mir von vorne herein „Wir wissen du bist ein Pastor und du redest immer von Heiligkeit. In diesem Geschäft gibt es viel Betrug. Wir denken nicht, dass du diesen Handel betreiben kannst." Es gibt Menschen, die Millionen machen, indem sie arme und verzweifelte Bauern ausnutzen. So etwas nennen wir den Wohlstand der Gottlosen, denn er wird durch Bosheit erlangt.

Entscheide dich für eine Seite

„1 Falsche Waage ist dem Herrn ein Gräuel, aber volles Gewicht gefällt ihm wohl." (Sprüche 11:1 SCH2000) „10 Zweierlei Gewicht und zweierlei Maß, die sind beide dem Herrn ein Gräuel! " (Sprüche 20:10 SCH2000) "35 Ihr sollt euch nicht vergreifen am Recht noch am Längenmaß, noch am Gewicht, noch am Hohlmaß. 36 Rechte Waage, gutes Gewicht, richtiges Epha und gerechtes Hin sollt ihr haben! Ich, der Herr, bin euer Gott, der ich euch aus dem Land Ägypten herausgeführt habe;" (3. Mose 19:35-36 SCH2000)

Entscheide dich, ob du so handeln möchtest wie es Gott verabscheut oder wie es Gott gefällt.

Wenn du tust, was Gott verabscheut, wirst du für ihn verabscheuungswürdig. Deshalb lesen wir in 5. Mose 25, dass der Herr diejenigen verabscheut, die unehrlich handeln. Wenn dein Geschäft in Gottes Augen verabscheuungswürdig wird und dadurch auch du selbst, dann ist es unmöglich nach dem Wort Gottes erfolgreich zu sein. Es ist nur eine Frage der Zeit bis dir dein Reichtum entflieht. Wenn du dagegen ehrlich und richtig handelst, erhältst du Gottes Gunst für deine Geschäfte. Ein Geschäft das Gunst von Gott erhält, kann sich nur steigern und erweitern. Wahrer Wohlstand kommt durch göttliche Gunst.

Wohlverdiente Bezahlung für deine Arbeitnehmer
"16 Einen Armen ausbeuten, um sich zu bereichern, oder einem Reichen etwas schenken – beides bringt nur Schaden!" (Sprüche 22:16 GNB)

Eine Art und Weise wie manche die Armen unterdrücken, um Reichtum zu erlangen, ist die Ausbeutung von Arbeitskräften. Entweder sie bezahlen viel weniger als die Arbeit eigentlich wert ist oder sie bezahlen gar nichts. Wenn jemand seine Zeit und Mühe aufopfert um für dich

Prinzipien des göttlichen Wohlstandes
zu arbeiten und du nicht dementsprechend bezahlst, dann ist dies extreme Bosheit. Wenn du wahren Erfolg in deinem Unternehmen möchtest, dann sorge dafür, dass deine Arbeiter wohlverdient bezahlt werden. Du kannst sogar einen Schritt weiter gehen und, je nachdem wie viel Gewinn eingegangen ist, großzügiger bezahlen und beobachten, wie dein Unternehmen über deine Erwartungen hinaus wächst.

Du kannst neu anfangen

Womöglich erkennst du hier, dass deine Geschäfte etwas dubios sind und nicht ganz nach Gottes Norm ablaufen. Vielleicht bist du dem Reichtum nachgejagt und wurdest mitten auf dem Weg von Armut geschlagen, weil du unehrlich gehandelt hast. Du kannst die krummen Wege hinter dir lassen, richtig handeln und einfach neu anfangen. Hier ist ein Versprechen für dich: **„6 Wenn du lauter und aufrichtig bist, so wird er sich um deinetwillen aufmachen und dein gerechtes Heim wiederherstellen. 7 Da wird dein früheres Glück im Vergleich zu deinem späteren klein sein!" (Hiob 8:6-7 SCH2000).** Gott möchte sich deinetwegen aufmachen und dein Leben und deine Geschäfte wirklich erfolgreich werden lassen. Es spielt keine Rolle wie klein du anfängst, denn wenn Gott sich deinetwegen aufmacht, kann dein Ende nur siegreich sein. Du kannst neu anfangen.

Langsam und stetig ist besser
Wenn es um deine Reise zum Wohlstand geht, dann entscheide dich dafür eher langsam und stetig voranzugehen anstatt schnell und schubweise. Die Versuchung den nachzuahmen, der es anscheinend geschafft hat oder zu schaffen scheint, wird es häufig geben, aber die Entschlossenheit dein Vorhaben auf Gottes Weise umzusetzen, wird dich davor bewahren auf Glatteis zu geraten.

Als ich vor vielen Jahren der Filialleiter von Micro Finance Bank war, sind mindestens vier meiner Kollegen aus anderen Abteilungen wegen Betrug ins Gefängnis gekommen. Sie wollten schnell reich werden. Ich musste einen Kassierer festsetzen, weil er in Betrug verwickelt war. Ein anderer hochrangiger Kollege in meiner Filiale wurde

Prinzipien des göttlichen Wohlstandes

von mir auf frischer Tat ertappt. Das einzige, was ihn vom Gefängnis bewahrte, war die Intervention der Kirchenleiter. Ein vielversprechender junger Manager landete im Gefängnis, weil er schnell reich werden wollte. Alle diese Männer haben ihre Karriere selbst zerstört, weil sie ein böses Auge hatten. Sie sahen Schlupflöcher im System und beschlossen, diese auszunutzen, ohne zu wissen, dass sie eines Tages ertappt würden.

Denke an all die Skandale, die weltweit den Finanz- und Bankensektor erschüttert haben. Viele entwickeln neue Tricks um andere auszubeuten, immer auf der Suche nach dem schnellen Geld. Bedenken, **„11 Schnell erschwindelter Reichtum verliert sich, langsam erarbeiteter vermehrt sich." (Sprüche 13:11 GNB).** Das bringt uns zum nächsten Prinzip, Fleiß.

Prinzip Nr. 3

Fleiß

In der Einleitung haben wir gesagt, dass Armut manchmal ein Ergebnis oder eine Folge von Faulheit ist. In dieser Hinsicht gibt es kein anderes Mittel gegen Armut außer harte Arbeit. Dies ist einer der Werte, die in der Bibel besonders geschätzt und für wichtig gehalten werden.

Zeige mir einen reichen Menschen, der nicht durch ein Erbe reich wurde und du hast mir jemanden gezeigt, der die Kunst der harten Arbeit beherrscht. Es steht geschrieben, **"4 Eine nachlässige Hand macht arm, aber eine fleißige Hand macht reich." Sprüche 10:4 SCH2000.** Fleiß ist nicht einfach nur große Anstrengung um ein Ziel zu erreichen. Es ist nicht nur reine harte Arbeit. Es gibt mehrere Eigenschaften, die Fleiß definieren und ihn von reiner Anstrengung unterscheiden, wie wir später sehen

Prinzipien des göttlichen Wohlstandes werden. Aber lasst uns zunächst über die Bedeutung von wahrem Wohlstand diskutieren.

Zwei Arten von Arbeit

Es gibt zwei Arten von Arbeit: Es gibt die Arbeit, mit der du deine Bestimmung und Gottes Plan für dich erfüllst und es gibt die Arbeit, mit der du deinen Lebensunterhalt verdienst. Manchmal fallen beide Arten zusammen, aber für die meisten Menschen haben sie nichts miteinander zu tun. Das heißt, viele arbeiten mehr dafür ihren Lebensunterhalt zu verdienen, anstatt ihre Bestimmung zu erfüllen. Was sie tun ist nicht das, wozu Gott sie erschaffen hat, aber weil sie überleben müssen, geben sie sich damit zufrieden.

Ich glaube die meisten von uns, wenn nicht alle, sind dazu erschaffen von unserer von Gott gegebenen Bestimmung und Berufung zu leben. Wo die Arbeit zur Erreichung unserer Bestimmung von der Arbeit für den Lebensunterhalt abweicht, sollte das Letztere ein Mittel für die Erfüllung des Ersteren sein.

Lasst uns ein paar Unterschiede zwischen beiden Arbeitsarten verdeutlichen. Einmal das, was wir tun um unsere Bestimmung zu erfüllen und dann das, was wir tun um unseren Lebensunterhalt zu verdienen.

Arbeiten, um Bestimmung zu erfüllen	Arbeiten für den Lebensunterhalt
Es dreht sich um Gott und um andere Johannes 5:17-19	Es dreht sich um uns selbst und unsere Familie
Aus Glaube und Liebe 1 Thessalonicher 1:3	Für den Verdienst
Belohnt durch innere Zufriedenheit Johannes 4: 31-34	Belohnt durch äußerlichen Gewinn
Belohnung ist unvergänglich Johannes 6:27, Prediger 2:17-23	Belohnung ist vergänglich
Göttliche Ressourcen notwendig	Menschliche Ressourcen sind ausreichend

Prinzipien des göttlichen Wohlstandes

Kolosser 1:29, 1 Petrus 4:10-11	

Wie man Fleiß entwickelt

Jeder Mensch neigt dazu faul zu sein. Es scheint so, als ob es unser normaler Zustand ist, in Richtung Faulheit zu driften, es sei denn wir machen uns die Mühe bewusst in die entgegengesetzte Richtung zu gehen. In diesem Abschnitt möchte ich ein paar Punkte über die Entwicklung von Fleiß mit euch teilen.

„58 Darum, meine geliebten Brüder, seid fest, unerschütterlich, nehmt immer zu in dem Werk des Herrn, weil ihr wisst, dass eure Arbeit nicht vergeblich ist im Herrn!" 1 Korinther 15:58 SCH2000.

1. Sei standhaft:

Standhaft zu sein bedeutet entschlossen, pflichtbewusst, fest und unerschütterlich zu sein. Weiche nicht von dem ab, wofür du glaubst, dass der Herr dich ausgerüstet hat. Bleib fest in deinem Streben nach deiner Bestimmung. Sei in deinem Herzen entschlossen, dass du nicht wanken wirst.

2. Sei unerschütterlich:

Prinzipien des göttlichen Wohlstandes

Zusätzlich zur Entschlossenheit lass dich auch nicht von äußeren Ereignissen erschüttern. Lass dich von Neinsagern und ihrer Einstellung nicht dazu bringen, dein Rennen aufzugeben.

3. Sei voll engagiert:

Gib dich voll und ganz dem hin, was du tust, um deine Bestimmung zu erfüllen. Prediger 9:10 befiehlt, alles, was deine Hand zu tun vorfindet, mit deiner ganzen Kraft zu tun.

„11 Wir wünschen aber, dass jeder von euch denselben Eifer beweise, sodass ihr die Hoffnung mit voller Gewissheit festhaltet bis ans Ende, 12 damit ihr ja nicht träge werdet, sondern Nachfolger derer, die durch Glauben und Geduld die Verheißungen erben." Hebräer 6:11-12 SCH2000.

4. Glaube:

Während sich der obige Vers auf den Glauben an Gott bezieht, glaube ich, dass du, um fleißig zu sein, sowohl an Gott als auch an dich selbst glauben musst. Glaube daran, dass du von Gott gebraucht werden kannst um deine Bestimmung zu erfüllen. Glaube, dass Gott treu ist und deine harte Arbeit belohnen wird.

5. Geduld:
Viele von uns erwarten sofortige Ergebnisse. Schneller Erfolg ist ein Mythos, der viele getäuscht hat. Er führt dazu, dass viele zu schnell aufgeben, wenn nach kurzer Zeit kein Erfolg in Sicht ist. Um Früchte zu ernten, musst du in all deinen Vorhaben Geduld üben. Wir werden beim nächsten Prinzip „Treue und Beständigkeit" mehr hierüber diskutieren.

„10 Alles, was deine Hand zu tun vorfindet, das tue mit deiner ganzen Kraft; denn im Totenreich, in das du gehst, gibt es kein Wirken mehr und kein Planen, keine Wissenschaft und keine Weisheit!" Prediger 9:10 SCH2000. In diesem Bibelvers werden drei Eigenschaften von Fleiß aufgelistet, nämlich: Planen, Wissen und Weisheit. Das bringt uns zu den nächsten Punkten.

6. Planen:

Prinzipien des göttlichen Wohlstandes

Ein wichtiger Aspekt von Fleiß, wenn nicht der wichtigste, ist die Fähigkeit zu planen. Mache konkrete Pläne für deine geschäftlichen, geistlichen, beruflichen und sozialen Projekte und führe diese auch durch. Um gut planen zu können, brauchst du Wissen und Weisheit.

7. Wissen:

Um effizient und effektiv planen zu können, brauchst du Wissen. Wissen wird durch Lernen erworben, sowohl formelles als auch informelles. Der zuvor zitierte Vers aus Hebräer sagt, um fleißig zu sein, musst du andere nachahmen, die Erfolg hatten. Fleiß erfordert das Erlernen von nützlichem und fruchtbarem Wissen in deinem Geschäftsbereich. Viele steigen in ein Geschäft ein, weil sie sehen, dass andere darin erfolgreich sind, ohne sich vorher in das Geschäft einzulernen oder zu lesen oder direkt von denen zu lernen, die erfolgreich sind. Erst mit dem erlangten Wissen kommt die Anwendung von Weisheit.

8. Weisheit:

Weisheit ist die richtige Anwendung von Wissen. Manchmal musst du mehr als ein Geschäftsmodell oder

Dienstmodell in Richtung deines Projekts studieren und dann aufgrund eigener Beurteilungen, basierend auf dem erworbenen Wissen, deinen eigenen Weg gehen.

9. Tue alles für und im Namen des Herrn:
„**17 Und was immer ihr tut in Wort oder Werk, das tut alles im Namen des Herrn Jesus und dankt Gott, dem Vater, durch ihn. 23 Und alles, was ihr tut, das tut von Herzen, als für den Herrn und nicht für Menschen, 24 da ihr wisst, dass ihr von dem Herrn zum Lohn das Erbe empfangen werdet; denn ihr dient Christus, dem Herrn!" Kolosser 3:17, 23-24 SCH2000**
Bedenke, dass es hier um göttlichen Wohlstand geht. Wenn du auf Gottes Art erfolgreich sein möchtest, dann musst du alles für den Herrn und in seinem Namen tun. Wenn du etwas für den großen Gott des Universums tust, dann bist du verpflichtet alles zu geben um das Beste hervorzubringen.

Unsere nächsten Punkte stammen aus dieser Stelle, „**1 Da wir nun eine solche Wolke von Zeugen um uns haben, so lasst uns jede Last ablegen und die Sünde, die uns so leicht umstrickt, und lasst uns mit Ausdauer laufen in dem Kampf, der vor uns liegt, 2 indem wir hinschauen auf**

Prinzipien des göttlichen Wohlstandes

Jesus, den Anfänger und Vollender des Glaubens, der um der vor ihm liegenden Freude willen das Kreuz erduldete und dabei die Schande für nichts achtete, und der sich zur Rechten des Thrones Gottes gesetzt hat." Hebräer 12:1-2 SCH2000

10. Befreie dich von Ablenkungen:
Verwerfe alles, was dich daran hindert fleißig zu sein. Sage nicht, dass du es behältst und versuchen wirst dem zu widerstehen. Die Bibel empfiehlt all das wegzuwerfen. Sei ehrlich zu dir selbst und ziehe Bilanz über die Dinge in deinem Besitz oder Personen in deinem Freundeskreise, die dich ablenken und ausbremsen. Sei mutig genug und breche solche Verbindungen ab.

11. Nutze die Kraft der Erwartung:
„der vor ihm liegenden Freude willen..." Die Freude, die vor ihm lag, war seine Erwartung, von den Toten aufzuerstehen und zur Rechten Gottes, des Vaters, zu thronen. Um dein Herz mit Erwartungen zu füllen, schau täglich auf deine Ziele und Pläne. Schaue dir an, was du

erreichen willst und behalte es in deinem Herzen und Verstand.

Diese Punkte, wie man Fleiß entwickelt, gelten sowohl für unserer Arbeit zur Erfüllung unsere Bestimmung als auch für unsere Arbeit, um unseren Lebensunterhalt zu verdienen, wenn beide Arten von Arbeit nicht übereinstimmen. Schauen wir uns nun die Belohnungen des Fleißes an.

Die Belohnung für Fleiß

1. Herrschaft:
"**24 Die Hand der Fleißigen wird herrschen, eine lässige aber muss Zwangsarbeit verrichten" Sprüche 12:24 SCH2000**

2. Zufriedenheit:
„**4 Die Seele des Faulen gelüstet nach vielem und hat doch nichts, die Seele der Fleißigen aber wird reichlich gesättigt." Sprüche 13:4 SCH2000**

3. Wohlstand:
„**23 Wo man sich alle Mühe gibt, da ist Überfluss, aber wo man nur Worte macht, da herrscht Mangel." Sprüche 14:23 SCH2000.**

Prinzipien des göttlichen Wohlstandes
"**4 Eine nachlässige Hand macht arm, aber eine fleißige Hand macht reich.**" **Sprüche 20:4 SCH2000**

4. Steigerung:
„**5 Die Überlegungen des Fleißigen sind nur zum Vorteil, aber wer allzu sehr eilt, hat nur Schaden davon.**" **Sprüche 21:5 SCH2000**

Nachdem wir Fleiß gut analysiert haben, wollen wir uns beim nächsten Prinzip einen weiteren wichtigen Faktor ansehen, der für Wohlstand von entscheidender Bedeutung ist, nämlich die Großzügigkeit.

Prinzip Nr. 4

Großzügigkeit

Ein wichtiger Schlüssel für wahren und dauerhaften Wohlstand ist Großzügigkeit. Als Menschen neigen wir dazu, großzügig gegenüber denen zu sein, die wir lieben und kennen und mit denen wir in Beziehung stehen. Daran ist nichts falsch, aber es ist eine Begrenzung, wenn wir nur denen geben, die uns auf irgendeine Weise etwas zurückgeben können. Wenn du einen Durchschnittsmenschen auf der Straße über seine Großzügigkeit befragst, wird sich herausstellen, dass sich seine Großzügigkeit auf diejenigen beschränkt, die er liebt oder mit denen er in irgendeiner Weise in Beziehung steht. In der Heiligen Schrift hebt Gott die Großzügigkeit gegenüber Armen und Hilfsbedürftigen immer wieder hervor; besonders gegenüber denen, die uns weder direkt noch indirekt etwas zurückgeben können. Der Herr Jesus

Prinzipien des göttlichen Wohlstandes
lehrte, dass wir denen geben sollen, die uns nichts zurückzahlen können. Es steht auch geschrieben, **„24 Einer teilt aus und wird doch reicher; ein anderer spart mehr, als recht ist, und wird nur ärmer. 25 Eine segnende Seele wird reichlich gesättigt, und wer anderen zu trinken gibt, wird selbst erquickt." Sprüche 11:24-25 SCH2000.**

„27 Wer dem Armen gibt, hat keinen Mangel; wer aber seine Augen [vor ihm] verhüllt, der wird sich viel Fluch sammeln." Sprüche 28:27 SCH2000.

„9 Wer freigebig ist, der wird gesegnet, denn er gibt dem Armen von seinem Brot." Sprüche 22:9 SCH2000.

Sei ein Geldverleiher

Gott hat einen Weg entwickelt, reich zu werden. Es ist durch das Verleihen von Geld an Gott. Du leihst Gott Geld, indem du den Armen gibst. Wenn du den Armen gibst, verleihst du indirekt Geld an Gott, und zur richtigen Zeit wird Gott dir das Geld mit Zinsen zahlen. Gott kann niemandem gegenüber ein Schuldner sein. Wenn du ihm also etwas leihst, kannst du sicher sein, dass du das, was du ihm geliehen hast, mit Zinsen wiederbekommst. Bedenke, **„17 Wer sich über den Armen erbarmt, der leiht** dem Herrn, und Er wird ihm seine Wohltat vergelten."

Sprüche 19:17 SCH2000

Das Geheimnis

Das Geheimrezept für dauerhaften göttlichen Wohlstand, egal ob sozial, materiell, finanziell oder geistlich, ist das Geben (siehe 5. Mose 15).

Gib den Hilfsbedürftigen um dich herum großzügig und

i. dein Gott wird dich in <u>all</u> deiner Arbeit segnen
ii. dein Gott wird alles, was deine Hände berührt, segnen.

Das ist die offene Tür in die gesegnete Art des Lebens.

Viele Menschen geben Geschenke, aber meistens geben sie an diejenigen, die es entweder nicht brauchen oder es sich selbst leisten können. Gott sagt, wir sollen gegenüber den Armen in unserem Land großzügig sein und nicht gegenüber den Reichen. Die verdorbene Natur unserer Gesellschaft führt dazu, dass sogar die Armen den Reichen Geschenke anbieten. Aber hör, was das Wort Gottes sagt,

„11 Denn der Arme wird nicht aus dem Land verschwinden; darum gebiete ich dir: Tue deine Hand

Prinzipien des göttlichen Wohlstandes
weit auf für deinen Bruder, für den Elenden und den Armen bei dir in deinem Land!" 5.Mose 15:11 SCH2000.

Es wird immer Menschen geben, um die du dich kümmern kannst. Es wird immer Menschen geben, denen es weniger gut geht als dir, sei es finanziell oder materiell. Mach es zu deinem Lebensstil ein Segen für die zu sein, die weniger haben. Es gibt mindestens eine Person, der du helfen kannst. Es wird immer eine Gelegenheit geben, Gottes Segen durch Großzügigkeit zu provozieren.

Freigebigkeit ist ein Befehl und keine Option. Geizig zu sein ist eine Sünde, denn es ist Ungehorsam gegenüber Gottes Befehl. Sei freigebig gegenüber

i. deinen Geschwistern im Herrn
ii. den Armen und Bedürftigen im Land.

Das heißt, Gott erwartet, dass du an erster Stelle für die Menschen in deiner Gemeinde sorgst (Galater 6:10), aber du sollst darüber hinaus auch für Unerrettete sorgen. Deine Großzügigkeit sollte bei deinen Geschwister im Herrn beginnen, jedoch nicht auf sie begrenzt sein. In Vers 14 entdecken wir eine erstaunliche Wahrheit: „**14 sondern** du sollst ihn reichlich von deiner Herde und von deiner Tenne und von deiner Kelter ausstatten und ihm geben von dem, womit der Herr, dein Gott, dich gesegnet hat." 5. Mose 15:14 SCH2000.

Dein Geben ist Ausdruck deiner Überzeugung von Gott gesegnet zu sein. Der Grad deiner Dankbarkeit spiegelt sich in deinem Geben wider. Wir können folgendes Fazit über das Geben ziehen:

- Mit mangelnder Großzügigkeit drückst du aus, dass Gott dich nicht gesegnet hat.
- Mit geringer Großzügigkeit drückst du aus, dass Gott dich wenig gesegnet hat.
- Mit großer Großzügigkeit drückst du aus, dass Gott dich reichlich gesegnet hat.
- Mit reduzierter Großzügigkeit drückst du aus, dass Gott Segen von dir weggenommen hat.
- Mit gleichbleibender Großzügigkeit drückst du aus, dass dein Segen nicht zunimmt.

Dein Geben, sowohl Gott als auch Bedürftigen gegenüber, ist entweder richtig oder falsch, je nach dem, ob es ein wahres Spiegelbild davon ist, wie Gott dich gesegnet hat. Weniger zu geben als du solltest, bedeutet Gott zu bitten deinen Segen zu reduzieren. Mehr zu geben als du sollst,

Prinzipien des göttlichen Wohlstandes
bedeutet Gott zu bitten deinen Segen zu vermehren und dich auf die nächste Stufe zu bringen. Dein Geben ist prophetisch. Dein Segen wird auf dein Geben reagieren. Wie viel du Gott und anderen gibst, bestimmt wie viel du von Gott und anderen bekommst.

Lasst uns nun in 5. Mose 16:17 lesen, „**17 sondern jeder mit dem, was er geben kann, je nach dem Segen, den der Herr, dein Gott, dir gegeben hat.**" 5. Mose 16:17 SCH2000

Es wird von dir erwartet im Verhältnis zu dem zu geben, wie Gott dich gesegnet hat. Er erwartet nicht von dir, dass du im Vergleich zu deinem Segen wenig gibst. Genauso wenig erwartet er, dass es dein Lebensstil ist mehr zu geben, als du gesegnet bist. Über deine Kapazität hinaus zu geben sollte nur gelegentlich sein und nicht die Regel. Du kannst dich gelegentlich finanziell strecken, jedoch sollte dies nicht alltäglich werden, damit du weiterhin für die sorgen kannst, die von dir abhängen. Du kannst dich dafür entscheiden arm zu leben, um in andere und in die Arbeit Gottes zu investieren. Dein Opfer sollte aber nicht zum

Nachteil für diejenigen werden, für die du verantwortlich bist, denn sie sind deine Hauptverantwortlichkeit. Lasst uns zurück zu 2. Korinther gehen und damit fortfahren.

Gott möchte, dass du im Überfluss lebst
„6 Das aber [bedenkt]: Wer kärglich sät, der wird auch kärglich ernten; und wer im Segen sät, der wird auch im Segen ernten.
7 Jeder, wie er es sich im Herzen vornimmt; nicht widerwillig oder gezwungen, denn einen fröhlichen Geber hat Gott lieb!
8 Gott aber ist mächtig, euch jede Gnade im Überfluss zu spenden, sodass ihr in allem allezeit alle Genüge habt und überreich seid zu jedem guten Werk,
9 wie geschrieben steht: »Er hat ausgestreut, er hat den Armen gegeben; seine Gerechtigkeit besteht in Ewigkeit«.10 Er aber, der dem Sämann Samen darreicht und Brot zur Speise, er möge euch die Saat darreichen und mehren und die Früchte eurer Gerechtigkeit wachsen lassen,
11 sodass ihr in allem reich werdet zu aller Freigebigkeit, die durch uns Gott gegenüber Dank bewirkt." 2. Korinther 9:6-11 SCH2000

Eines der Gesetze des Lebens besagt, dass du proportional zu dem erntest was du säst, unabhängig von dem wer du bist und was du säst. Alles bleibt gleichberechtigt.

Großzügigkeit ermöglicht Wachstum in jedem Bereich des Lebens.

Prinzipien des göttlichen Wohlstandes

Gott kann und wird dich nie zwingen zu geben (abgesehen von deinem Zehnten und Opfer, die man geben sollte). Gott möchte, dass du selbst von Herzen entscheidest, wie viel du geben möchtest. Gottes Wille ist, dass du aus einem großzügigen Herzen gibst. Das Geben ist eine Herzenssache und keine Kopfsache. Wenn du anhand von Berechnungen gibst, dann wirst du sicherlich keine Fortschritte in deinem geistlichen Leben machen. Gottes Rechenart folgt nicht unserer menschlichen Logik. Der Versuch, mit menschlicher Logik zu geben, wird deinen Segen blockieren. Deine Entscheidung etwas zu geben, sollte nicht vom Kopf, vom Verstand oder aus Emotionen kommen, sondern aus deinem Herzen (Geist). Damit es Früchte trägt, muss deine Entscheidung aus deinem Geist kommen. Wenn die Entscheidung zu geben aus dem Geist hervorspringt, wird das Geben etwas Freudiges und Segensreiches. Dann kannst du folgende Segnungen erwarten:

i. Eine Offenbarung von Gottes Können
„Gott aber …" (2. Korinther 9:8)

Dies ist der Gott, der das ganze Universum erschaffen hat. Derjenige, der alles besitzt, ob sichtbar oder unsichtbar. Wir sprechen von dem Gott, der Dinge ins Leben ruft, die nicht sind, und Dinge aus dem Dasein nimmt, die sind. Er ist derjenige, dem all das Gold und Silber gehört, sowohl im Himmel als auch auf Erden. Und derjenige, dem das Vieh auf tausend Hügeln gehört.

„Gott aber ist…"
Er ist nicht nur ein Gott der Vergangenheit. Er ist auch ein Gott der Gegenwart. Er ist ein Gott der Zukunft. Er umfasst die Unendlichkeit. Er ist Jesus Christus, derselbe gestern, heute und für immer. Er ist ein Gott, der aktuell ist. Er hat sich Mose als „ICH BIN, der ICH BIN" offenbart. Gott möchte in deinem Leben aktuell sein. Freudiges Geben ist eine der Möglichkeiten für ihn sich in deiner aktuellen Situation zu offenbaren. Er sehnt sich danach, sich dir gegenüber real zu machen. Das Geben öffnet ihm die Tür, sodass er hereinkommt und sein Können in dir und durch dich sichtbar macht.

Prinzipien des göttlichen Wohlstandes
„Gott aber ist mächtig …"
Das Ausmaß, in dem du säst oder großzügig gibst, ist dasselbe Ausmaß, in dem Gott dir seine unendlichen Superfähigkeiten in deinem Leben und durch dich zeigen wird. Wenn wir hier über das Geben sprechen, beschränken wir uns nicht nur auf unsere Finanzen. Es gibt noch viel mehr zu geben als nur Geld:

Du kannst deine Liebe geben.

Du kannst Ermutigung geben.

Du kannst Gastfreundschaft geben.

Du kannst deine Weisheit geben.

Du kannst Beratung geben

… und vieles mehr!

II.   Dein Leben wird voller Gnade sein
„Gott aber ist mächtig, euch jede Gnade im Überfluss zu spenden…"
In anderen Worten, Gott möchte dein Leben mit göttlicher Befähigung füllen in allem, was du tust. Wenn Gottes Gnade in allem für dich wirkt, wird dein Leben reich gesegnet sein. Du bekommst Einsichten, die andere staunen lässt. Du schaffst an einem Tag, was andere in einer Woche erreichen.

Dein ganzes Leben wird mit Gnade gefüllt sein.

Gnade, gesund zu bleiben!

Gnade, stark zu bleiben!

Gnade, geistlich zu wachsen!

Gnade, heilig zu leben!

Gnade, jeden zu lieben!

Gnade, mit jedem in Frieden zu leben!

Gnade, mit dem schwierigsten Menschen in der schwierigsten Situation zu leben!

Gnade, Offenbarungen zu erhalten!

Gnade, Nachfolger zu haben!

Gnade, alles zu tun, wozu du berufen bist!

Gott möchte dir die göttliche Fähigkeit geben zu funktionieren. Das ist Gnade! Die Gnade dient dazu in allem - in Großem, in Kleinem, im Rampenlicht, im Verborgenen, in scheinbar Unbedeutendem, in Wichtigem - stets dich zu steigern und herauszuragen. Die Gnade ist in allem und zu jeder Zeit. Zu jeder Zeit – morgens, mittags, abends, nachts! Wenn du schläfst oder wenn du wach bist.

Prinzipien des göttlichen Wohlstandes
Dein Leben ändert sich zum Besseren, wenn dir Gottes Gnade zur Verfügung steht.

III. Du wirst ausreichend haben

„Sodass ihr in allem allezeit alle Genüge habt..."

Gott möchte, dass wir uns dauerhaft in einem Zustand befinden, in dem alle unsere Bedürfnisse erfüllt sind - materielle, körperliche, emotionale, moralische, mentale, finanzielle, soziale oder geistliche Bedürfnisse. In jeder Hinsicht möchte er, dass du „in allem allezeit alle Genüge..." hast.

Oh! Es gibt einen Ort, an dem alle deine Bedürfnisse gestillt werden können. Wir sind nicht dazu bestimmt im Ungleichgewicht zu leben. Gott möchte, dass wir im Gleichgewicht leben. Es gibt Menschen, die finanziell im Überfluss leben, aber in der Gesellschaft Außenseiter sind. Andere sind materiell und sozial im Überfluss, aber sind moralisch und geistlich zurückgeblieben. Gott möchte, dass du in allen Bereichen proportional wächst, damit du vollständig und ausreichend gesund und im Gleichgewicht bist.

Viele von uns befinden sich dort, wo einige unserer Bedürfnisse erfüllt sind und wir freuen uns. Manche befinden sich dort, wo die meisten Bedürfnisse gestillt sind und sie denken, sie seien im Himmel auf Erden. Gott möchte uns vorwärtsbringen, dorthin, wo nicht nur manche, nicht nur die meisten, sondern alle Bedürfnisse gestillt sind. Als Paulus schrieb, **„19 Mein Gott aber wird allen euren Mangel ausfüllen nach seinem Reichtum in Herrlichkeit in Christus Jesus." Philipper 4:19 SCH2000**, meinte er es genau so. Er sprach durch den Geist des lebendigen Gottes. Das Wort Gottes ist wahr. Wenn du daran glaubst und danach handelst, wirst du die Früchte des gehorsamen Glaubens ernten.

„Sodass ihr in allem allezeit alle Genüge habt…" Mögen wir alle an diesen Ort kommen. Manche sind bereits angekommen und genießen ein gesegnetes Leben. Allerdings ist es nicht ein Ort für nur wenige. Es kann dort nie zu einer Überfüllung kommen. Gott hat genug Platz für jeden Einzelnen erschaffen, um alle unterzubringen, die

Prinzipien des göttlichen Wohlstandes auf dem Weg namens „in allem allezeit alle Genüge haben" sind. Es ist kein Ort für einige wenige Bevorzugte.

IV. **„Sodass ihr in allem reich werdet..."** (Vers 11)

Du hast eine passive Rolle. Es ist Gottes Arbeit in dir und für dich, die dich reich werden lässt. Deshalb sagt der Herr der Herrlichkeit „so wird euch dies alles hinzugefügt werden". Wer macht dieses Hinzufügen? Gott natürlich! Du kannst dich nicht selbst reich machen - vollwertig und ausgewogen reich. Nur Gott kann das vollbringen. Das macht er durch

1. Gnade im Überfluss für dich (Vers 8)
- Gnade, die richtige Wahl zu treffen
- Gnade, die richtigen Entscheidungen zu treffen
- Gnade, Gunst zu erhalten
- Gnade, die richtigen Beziehungen aufzubauen
- Gnade, die richtigen Investitionen zu machen

2. Vermehrung deiner Saat (Vers 10)

Dies ist die Vergrößerung deine Kapazität um in das Leben und den Dienst von Anderen zu säen. Damit du in das Königreich Gottes hinein säen kannst und so auch die Früchte davon ernten kannst. Die Saat ist zum Säen gedacht. Viele von uns verarbeiten ihre Saat zu „Brot" anstatt die von Gott gegebenen Samen in großer Menge zu säen. Samen sollten gesät werden! Wenn du die richtigen

Samen zur richtigen Jahreszeit säst, wirst du sicherlich hundertfach, sechzigfach oder dreißigfach ernten.

3. Wachstum der Früchte deiner Gerechtigkeit (Vers 10)
Dies bedeutet, dass Gott die Erträge von allem, was du tust, um der Gerechtigkeit willen vervielfachen wird.

4. Gabe der Kraft (Fähigkeit, Talent, Ideen) um Reichtum zu erwerben

„18 So gedenke doch an den Herrn, deinen Gott — denn Er ist es, der dir Kraft gibt, solchen Reichtum zu erwerben —, damit er seinen Bund aufrechterhält, den er deinen Vätern geschworen hat, wie es heute geschieht." 5. Mose 8:18 SCH2000

Gott wird dich reich machen, indem er dich befähigt wohlhabend zu werden. Er wird dich leiten die richtigen Investitionen zu machen. Er wird dich leiten zur richtigen Zeit die richtigen Geschäfte zu machen.

V. Du wirst am Wohlergehen anderer beteiligt sein

„...sodass ihr in allem reich werdet **zu aller Freigebigkeit...**" (Vers 11)

Es gibt einen guten, sehr wichtigen Grund weshalb Gott dich reich macht. Dich reich zu machen ist nicht das

Prinzipien des göttlichen Wohlstandes

Endziel, sondern ein Mittel um noch Größeres durch dich zu erreichen. Gott möchte dich reich machen, damit er durch dich die weniger Wohlhabenden erreichen kann. Das Wort „zu" zeigt, dass es beim reich werden nicht nur um dich geht, sondern auch um andere.

Der Ausdruck „...zu aller Freigebigkeit..." deutet hin auf die Kraft, das Potenzial und die Fähigkeit etwas zu tun. Es bedeutet in der Lage und bereit zu sein etwas zu tun. Es bedeutet die Fähigkeit zu haben etwas frei zu tun. Gott macht dich reich, sodass du in der Lage bist, Bedürftigen zu helfen.

Betrachte nun das Wort „Freigebigkeit". Der Vater macht dich reich, damit Freigebigkeit, d.h. Großzügigkeit, ein Teil von dir wird. Für jedes Kind Gottes sollte Großzügigkeit kein Fremdwort sein. Es muss in den Stoff deines Seins eingebaut sein. Gott möchte nicht nur, dass du großzügig bist, sondern dass es zu deiner Natur wird. Großzügig zu sein bedeutet, gutherzig und freigebig denen zu geben, die es brauchen. Es bedeutet dich mit Freude um die

Bedürfnisse derer zu kümmern, denen du nicht verpflichtet bist. Gott möchte, dass du jederzeit freigebig bist, also unabhängig von der Person, dem Ort, der Zeit und der Not um die es geht.

Du kannst finanziell reich werden!

Du kannst materiell reich werden!

Du kannst reich an Barmherzigkeit werden!

Du kannst reich an Liebe werden!

Du kannst reich im Dienen werden!

Gott hat dir den Weg gezeigt. Es liegt in deiner Verantwortung diesen Weg tatsächlich zu gehen.

Prinzip Nr. 5

Treue und Beständigkeit

"1 Als nun Abram 99 Jahre alt war, erschien ihm der Herr und sprach zu ihm: Ich bin Gott, der Allmächtige. Wandle vor mir und sei untadelig!" 1. Mose 17:1 SCH2000

"19 Wer seinen Acker bebaut, hat reichlich Brot, wer aber unnützen Sachen nachläuft, der hat reichlich Not. 20 Ein ehrlicher Mann ist reich an Segnungen; wer aber schnell reich werden will, bleibt nicht unschuldig." Sprüche 28:19-20 SCH2000

Diese zwei Bibelverse heben die Tugenden von Treue und Beständigkeit besonders hervor. Gott, der Herr sagte zu Abraham, dass er treu bleiben solle um in den vollständigen Segen, den er für ihn bestimmt hatte, einzutreten. Viele von uns dienen im Königreich Gottes, aber wir sind nicht treu in der Erfüllung unserer Aufgaben. Der Heilige Geist legt Ideen in unsere Herzen, aber wir streben nicht danach diese in aller Treue zu erfüllen, weil wir auf der Suche nach kürzeren Wegen zu göttlichem Wohlstand sind. Manche bevorzugen es in falsches Wohlstandsevangelium zu säen, anstatt treu in das Königreich Gottes zu investieren oder in etwas, das erst auf lange Sicht Gewinn bringt.

Eine Sache, die Menschen daran hindert treu und beständig zu bleiben, ist die Neigung Fantasien nachzujagen. Versuche nicht mit irgendwelchen Leuten mitzuhalten, indem du so tust als hättest du es bereits geschafft. Es ist eine Sache reich zu sein und eine andere Sache reich zu erscheinen. Du kannst reich erscheinen, aber arm sein und du kannst auch arm erscheinen, aber reich sein. Ich bevorzuge letzteres. Es steht geschrieben „**7 Einer stellt sich reich und hat doch gar nichts, ein anderer stellt sich arm und besitzt doch viel." Sprüche 13:7 SCH2000.** Der Haken dabei ist: Wer sich reich stellt, neigt dazu Fantasien nachzujagen, doch die Jagd auf Fantasien ist teuer, denn es hindert einen daran in die Wirklichkeit zu investieren. „Wer seinen Acker bebaut ..." ist eine Realität. Er wird mit reichem Segen belohnt.

Prinzipien des göttlichen Wohlstandes
Überzeugung entwickeln
Wir sprechen hier von Beständigkeit. Die meisten Menschen haben großartige Ideen. Was die Menschen voneinander unterscheidet, ist, wie beständig sie bei der Umsetzung ihrer Ideen sind. Beständigkeit kommt aus Überzeugung. Bevor du in ein Unternehmen einsteigst, solltest du stark davon überzeugt sein, dass es das ist, was du tun sollst.

Gute Ergebnisse kommen nicht so leicht. Es erfordert die anhaltende Investition von Zeit und Ressourcen. Lass dich nicht von Empfindungen täuschen, die über Nacht entstehen. Wenn gewisse Umstände gegen die Erfüllung deiner Träume wirken, sind es deine tiefen Überzeugungen, die dir Halt geben werden. Viele Menschen erleben erst nach dem zehnten Versuch einen Durchbruch. Thomas Edison war mit der Entwicklung der Glühbirne erst nach tausend Versuchen erfolgreich. Er war jedoch von dem überzeugt, was er erschaffen wollte. Das ist die Quelle der Beständigkeit. Gib nicht zu leicht auf.

Die Bibel sagt, „**5 Die mit Tränen säen, werden mit Freuden ernten. 6 Wer weinend hingeht und den Samen zur Aussaat trägt, der kommt gewiss mit Freuden zurück und bringt seine Garben." Psalm 126: 5-6 SCH2000.** Das heißt, dass diejenigen, die sich trotz aller Widrigkeiten mutig durchschlagen, die beständig bleiben, die sich trotz Schwierigkeiten weiterhin für die Verwirklichung ihrer Träume einsetzen, schlussendlich die Belohnung für ihre Treue erhalten werden. Höre auf von einer Idee zur anderen zu wechseln. Bleibe fest entschlossen und verfolge eine Idee nach der anderen, bis du dein Ziel erreicht hast.

Disziplin ist erforderlich

Es gibt keine Beständigkeit ohne Belastbarkeit und keine Belastbarkeit ohne Disziplin. Wenn du belastbar und damit beständig bleiben möchtest, dann solltest du dir die Tugend der Disziplin aneignen. Paulus schreibt gegen Ende seines zweiten Briefes an seinen Jünger Timotheus, „**21 Beeile dich, vor dem Winter zu kommen!" 2. Timotheus 4:21a SCH2000.** In diesem kurzen Satz stecken zwei

Prinzipien des göttlichen Wohlstandes
wichtige Prinzipien der Disziplin, die ich betrachten möchte:

Gib dein Bestes

Disziplin umfasst dein Bestes geben und alles tun, um das Vorgenommene zu vollenden. Um etwas zu verändern ist es nicht unbedingt erforderlich der oder die Beste zu sein, sondern dass du, egal wie schwer die Umstände werden, weiterhin dein Bestes gibst. Die übernatürliche Hilfe und Unterstützung Gottes ist für die verfügbar, die ihr Bestes geben.

Du brauchst keine zusätzliche Unterstützung, wenn du nicht alles gibst was du geben solltest. Dies beinhalten harte Arbeit und die Hingabe zu Spitzenleistung. Dein Bestes kommt nur dann heraus, wenn du dir bewusst vornimmst dein Bestes zu geben. Dein Bestes zu geben bedeutet, an nichts zu sparen, was zum Erfolg deines Vorhabens beiträgt und so deine Effektivität und Effizienz zu steigern.

Setzte Fristen

Paulus empfahl Timotheus sich zu bemühen vor dem Wintereinbruch zu kommen. So wurde hier eine Frist gesetzt. Wenn du Veränderung in dein Leben und in deine Welt bringen möchtest, dann solltest du dir selbst Fristen setzten. Wenn du dir keine Fristen setzt, ist es wahrscheinlich, dass du in die Falle des Hinauszögerns tappst. Es gibt viele Menschen, die in dieser Falle gefangen sind, ohne zu wissen wie sie wieder herauskommen können. Um diese Falle zu vermeiden, solltest du mit dem Prinzip der Fristsetzung arbeiten. Es wird dir dabei helfen, deine Zeit optimal zu nutzen und fokussiert zu bleiben. Es wird dir auch dabei helfen ablenkende Aktivitäten zu vermeiden, die deine Aufmerksamkeit rauben, und dir ermöglichen alle deine Ressourcen für deine Prioritäten einzusetzen.

Wenn keiner an dich glaubt

Es gibt eine Geschichte über Treue, Beständigkeit, Überzeugung und große Disziplin, die ich gemeinsam mit euch anschauen möchte. Es geht um die Geschichte von Gideon und seinen Männern. Sie lebten fast ihr gesamtes Leben in Armut und Mangel. Gideon war enttäuscht, ängstlich und versteckte sich vor seinen Peinigern, bis er

Prinzipien des göttlichen Wohlstandes
eine Begegnung mit der Göttlichkeit hatte (siehe Richter 6,7,8). Er stürzte sich nicht darauf seinen Traum zu verwirklichen, sondern wartete bis er eine tiefe Überzeugung von Gottes Auftrag hatte. Er hat wahrscheinlich zu viel Zeit damit verbracht sich selbst zu überzeugen, aber sobald er die Überzeugung hatte, wurde sie die Quelle seiner Belastbarkeit und Motivation in schwierigen Zeiten. Er wurde vom Engel des Herrn beauftragt und hatte im Traum seinen Triumph bereits gesehen. Er hatte eine Bestätigung vom Herrn bekommen, aber trotzdem ging er durch große Schwierigkeiten. Viele hätten an seiner Stelle aufgegeben, doch er kämpfte sich durch. Es steht geschrieben, **„5 Und er sprach zu den Leuten von Sukkot: Gebt doch dem Volk, das bei mir ist, einige Laibe Brot, denn sie sind erschöpft, und ich jage den Königen der Midianiter, Sebach und Zalmunna, nach! 6 Aber die Obersten von Sukkot sprachen: Ist denn die Faust Sebachs und Zalmunnas schon in deiner Hand, dass wir deinem Heer Brot geben sollen?**

7 Gideon sprach: Wohlan, wenn der Herr Sebach und Zalmunna in meine Hand gibt, so will ich euer Fleisch mit Dornen aus der Wüste und mit Disteln dreschen! 8 Und er zog

von dort nach Pnuel hinauf und redete mit ihnen in gleicher Weise. Und die Leute von Pnuel antworteten ihm wie die von Sukkot. 9 Da sprach er auch zu den Leuten von Pnuel: Komme ich mit Frieden wieder, so will ich diesen Turm niederreißen!" **Richter 8:5-9 SCH2000.**

Sie waren erschöpft, doch sie machten weiter. Das ist die Belastbarkeit, die aus Überzeugung stammt. Allerdings glaubten die Menschen um sie herum nicht an ihre Mission und haben sich dementsprechend geweigert sie zu unterstützen. Sie wurden von Menschen, bei denen sie um Hilfe baten, verspottet. Eines ist ziemlich sicher: Als niemand an sie glaubte, haben sie weiterhin an sich selbst geglaubt und haben ihr Ziel weiterverfolgt.

Erwarte nicht, dass jeder an deinen Traum glaubt. Du musst von dir selbst überzeugt sein und an dich selbst glauben. Das wird dir helfen, treu und beständig zu bleiben. Zweimal hat Gideon Aussagen gemacht, die nur aus einer tiefen Überzeugung und Glauben an seinen Gott und sich selbst stammen können. Seine Beständigkeit und Treue brachten ihm den großen Sieg, der ihn aus seiner Armut und seinem Mangel herauszog. Das Ende der

Prinzipien des göttlichen Wohlstandes
Geschichte zeigt einen Mann, der durch das Streben nach seiner Berufung in Gott reich wurde.

Prinzip Nr. 6

Hingabe

In meinem Buch „Der Segen eines hingegebenen Lebens: Gebrochen und gesegnet" behandle ich detailliert das Thema der Hingabe an den Herrn. Daher werde ich die Details hier nicht wiederholen. Du würdest dir einen Gefallen damit tun es zu lesen. Ich werde jedoch ein paar Punkte hervorheben, die für unser Thema relevant sind. Warum ist Hingabe so wichtig? Manchmal verbindet Gott unsere Fähigkeit Erfolg zu haben mit Aufgaben, die wir uns nicht aussuchen würden.

Für viele Leute ist die Arbeit, das Unternehmen, der Dienst usw., in die sie sich so eifrig einbringen, nicht Gottes Bestimmung für sie. Wenn wir uns unseren Beruf, Unternehmen oder Dienst allein auf Grund unserer

Prinzipien des göttlichen Wohlstandes
Sympathie oder finanziellen Profit aussuchen, begrenzen wir uns stark. Obwohl wir wahrscheinlich Profit daraus bekommen, wird es uns an anderen essentiellen Zutaten mangeln, die zu göttlichem Wohlstand gehören.

Beachte die Ermahnung **„10 Denn wer ist's, der den Tag geringer Anfänge verachtet? (…)"** Sacharja 4:10 SCH2000, **„7 Da wird dein früheres Glück im Vergleich zu deinem späteren klein sein!" Hiob 8:7 SCH2000.** Der Weg in eine erfolgreiche Zukunft, den Gott für jeden einzelnen von uns vorgesehen hat, fängt normalerweise klein an. Viele meiden diese kleinen Anfänge zu ihrem eigenen Nachteil. Mit Hingabe meine ich, dass du an einen Punkt kommst, an dem du bereit bist alles zu tun oder überall anzufangen, solange nur Gott dich dort haben möchte.

Einer der besten Ratschläge, die ich in der Bibel gefunden habe, entdeckte ich in **Sprüche 3: 5-7a „5 Vertraue auf den Herrn von ganzem Herzen und verlass dich nicht auf deinen Verstand; 6 erkenne Ihn auf allen deinen Wegen,**

so wird Er deine Pfade ebnen.7 Halte dich nicht selbst für weise!" SCH2000

Was ist denn Abhängigkeit vom Herrn?

Verlass dich nicht auf deinen Verstand
Menschliche Initiative stammt aus menschlichem Verständnis von sichtbaren Dingen. Oft führen solche Initiativen zu Handlungen, die von Gott unabhängig sind. Unsere größte Begrenzung besteht darin, uns auf unseren eigenen Verstand zu verlassen, der uns nur zu endlichen und begrenzten Ergebnissen führen kann. Die obige Passage sagt nicht, dass wir ohne Verstand handeln sollen, sondern, dass wir nicht basierend auf unserem Verstand handeln sollen.

Ich habe oft realisiert, dass mein Verstand mich im natürlichen und begrenzten Bereich hält. Wenn ich aber meinen Verstand beiseite lege und mich auf den Herrn verlasse, sind die Ergebnisse überwältigend. Wenn wir daran scheitern dem Herrn von ganzem Herzen zu vertrauen, dann verlassen wir uns auf unseren eigenen

Prinzipien des göttlichen Wohlstandes
Verstand. Deshalb beginnt der Vers mit der Ermahnung dem Herrn von ganzem Herzen zu vertrauen. Wenn dies geschieht, hören wir auf uns auf unseren begrenzten Verstand zu verlassen und ordnen uns unter die Leitung des Heiligen Geistes.

Der Herr möchte, dass wir Verstand einsetzten. Es ist jedoch nicht unser eigener Verstand, den wir einsetzten sollen, sondern sein Verstand. Er möchte uns mit dem Geist der Einsicht füllen. Bitte den Herrn täglich darum dich mit dem Geist der Einsicht zu füllen. Ich bete dieses Gebet seit einer Weile und ich sehe, wie ich mich mehr und mehr auf den unbegrenzten Verstand des Geistes verlasse, anstatt mich auf meinen begrenzten menschlichen Verstand zu verlassen. Wir müssen uns bewusst gegen unsere eigenen Vorstellungen entscheiden, die von Gott unabhängig sind.

Erkenne ihn auf allen deinen Wegen

Was bedeutet es den Herrn zu erkennen? Ich glaube, es bedeutet, ihm die Leitung zu überlassen, seine

Anweisungen und Führung anzunehmen und sein unendliches Wissen und seine Weisheit anzuerkennen. Es bedeutet, ihm den Platz zu geben, den er verdient, indem man sich seiner souveränen Macht und Autorität unterordnet. Den Herrn zu erkennen heißt auch, sich zu weigern, einen Schritt zu tun, bis man überzeugt ist, dass er einen führt. Er ist es, der das Ende bereits am Anfang kennt, der jede Hürde oder Hindernis, das auf dem Weg liegt, im Voraus sieht.

Im Buch Jesaja versprach er, **„16 Ich will die Blinden auf einem Weg führen, den sie nicht kennen, und auf Pfaden leiten, die ihnen unbekannt sind; ich werde die Finsternis vor ihnen zum Licht machen und das Hügelige zur Ebene. Diese Worte werde ich erfüllen und nicht davon lassen." Jesaja 42:16 SCH2000.**

Die Wahrheit ist, dass wir uns oft vor dem Ungewissen und vor unbekannten Wegen des Lebens fürchten. Es scheint aber so, dass der Herr uns zu solchen Wegen hinführt. Damit er uns führen kann, müssen wir ihm folgen. Und um

Prinzipien des göttlichen Wohlstandes

ihm zu folgen, müssen wir uns ganz auf ihn verlassen. Es ist wie auf einem Ausflug an einem fremden Ort. Du bist gezwungen dich ganz auf deinen Tourenführer zu verlassen.

In vielen Fällen sind wir gezwungen uns auf die Führung von Menschen zu verlassen, weil es keine andere Option gibt. Wie viel mehr sollten wir uns auf denjenigen verlassen, der alles weiß und sich niemals täuscht? Um in die Dunkelheit zu treten, muss man vollkommen auf den Herrn vertrauen, dass er sein Licht strahlen lässt und unsere Dunkelheit in Licht verwandelt. Es gibt viele Dinge, die wir im Leben niemals erreichen werden, bis wir an den Punkt kommen, an dem wir uns völlig und vollständig auf den Herrn verlassen.

Wieder sagt er, **"10 Wer unter euch fürchtet den Herrn? Wer gehorcht der Stimme seines Knechtes? Wenn er im Finstern wandelt und ihm kein Licht scheint, so vertraue er auf den Namen des Herrn und halte sich an seinen Gott! 11 Habt aber acht, ihr alle, die ihr ein Feuer**

anzündet und euch mit feurigen Pfeilen wappnet! Geht hin in die Flamme eures eigenen Feuers und in die feurigen Pfeile, die ihr angezündet habt! Dieses widerfährt euch von meiner Hand, dass ihr in Qualen liegen müsst." Jesaja 50: 10-11 SCH2000.

Manchmal befinden wir uns selbst dann noch in völliger Dunkelheit und Ungewissheit, wenn wir gehorsam sind als Reaktion auf das Wort des Herrn aus dem Mund seines Dieners. An diesem Punkt kann der Feind die Umstände ausnutzen und die Betroffenen in ein Netz der Enttäuschung verwickeln. Entweder du vertraust dann auf den Herrn, verlässt dich auf ihn und glaubst an sein Wort oder du machst dein eigenes Feuer, um die Dunkelheit selbst zu beseitigen. Der Herr ermahnt uns ersteres zu wählen. Wenn du dich jedoch dafür entscheidest durch deine eigenen Strategien selbst Feuer anzuzünden, dann wird das Endergebnis deine Seele quälen.

Der Herr hat uns versprochen, die Dunkelheit, die uns begegnet, in Licht zu verwandeln. Wir müssen uns in

Prinzipien des göttlichen Wohlstandes
Geduld üben, auch wenn wir denken, dass die Dunkelheit länger anhält als erwartet. Gib dem Herrn Anerkennung, indem du so lange bleibst, bis sein Licht strahlt. Das ist Abhängigkeit!

Möge der Herr uns durch seine liebevolle Barmherzigkeit dazu bringen uns vollständig auf ihn zu verlassen, damit wir die Früchte genießen können. Als Belohnung der vollständigen Hingabe werden unsere Wege geebnet und holpriges wird glatt gemacht. Ist das nicht herrlich? Es lohnt sich dem Herrn zu vertrauen und die im Herzen weise sind, verlassen sich nicht auf ihren Verstand.

Halte dich nicht selbst für weise

Menschliche Weisheit wurde uns vom Herrn gegeben, aber im Leben eines Gläubigen kann und sollte sie niemals die göttliche Weisheit ersetzten. Weisheit ist die richtige Anwendung von Wissen. Als Gläubige sind wir jedoch dazu berufen in einer Welt zu wandeln, in der menschliche Weisheit Dummheit gleicht. Was wir brauchen ist der Geist der Weisheit, welcher die Weisheit des allwissenden Gottes ist.

Der Herr möchte, dass wir auf das Level kommen, auf dem wir in göttlicher Weisheit handeln. Aber wir können nur dorthin kommen, wenn wir uns weigern uns selbst für weise zu halten, uns weigern unserem Urteil oder unseren Entscheidungen zu vertrauen, selbst unseren besten, falls wir sie unabhängig vom Herrn getroffen haben.

Schau welche Vorteile der Hingabe hier beschrieben werden: „**13 Wenn du nun dein Herz fest ausrichtest und zu ihm deine Hände ausstreckst 14 — wenn Unrecht an deinen Händen ist, so entferne es, und lass in deinen Zelten nichts Böses wohnen! 15 Ja, dann darfst du ohne Scheu dein Angesicht erheben und fest auftreten ohne Furcht; 16 dann wirst du deine Mühsal vergessen, wie man das Wasser vergisst, das vorübergeflossen ist. 17 Heller als der Mittag wird dein Leben dir aufgehen; das Dunkel wird wie der Morgen sein. 18 Dann wirst du getrost sein, weil es Hoffnung gibt, und wirst um dich** blicken und in Sicherheit dich niederlegen. 19 Du legst dich zur Ruhe, und niemand schreckt dich auf, und viele werden dann deine Gunst suchen." Hiob 11:13-19 SCH2000

Menschen werden um deine Gunst werben
„...und viele werden dann deine Gunst suchen."
Wir haben vorhin gesehen, dass, wenn wir uns dem Herrn ganz hingeben, er unser Leben erhellt und Nationen und Könige zu dem Licht unserer Morgendämmerung zieht. Wenn du dich dem Herrn unterordnest, anstatt ihn abzulehnen, werden andere anfangen deine Gunst zu suchen. Sie möchten sich mit dir identifizieren und gerne mit dir in Verbindung bleiben. Dies ist eine direkte Folge von der Herrlichkeit des Herrn, die über dir schwebt, wenn du dich ihm voll und ganz hingibst. Wir haben gesehen wie Menschen von dem süßen Duft der Salbung angezogen wurden. Dies ist jedoch ein Kinderspiel im Vergleich zu der Anziehungskraft, die die Herrlichkeit mit sich bringt.

Wie wir bald sehen werden, bringt die völlige Hingabe an den Herrn dich in eine Position des göttlichen Einflusses und Autorität. Wenn diese Position des göttlichen Einflusses für andere sichtbar wird, neigen sie dazu um deine Gunst zu bitten. Das liegt daran, dass, wenn du dich Gott hingibst, der Duft seiner Herrlichkeit in dir fließt und von dir zu denen, die dich umgeben. Diesesr Duft zieht Menschen zu dem Dienst, den Gott durch dich tut. **"24 Und über Asser sprach er: »Asser ist mit Söhnen gesegnet; er sei der Liebling seiner Brüder und tauche seinen Fuß in Öl!" 5. Mose 33:24 SCH2000.** Was für ein Segen! Was für eine Position, in der jeder seine Gunst schenkt!

Freunde in hohen Positionen

Wenn Menschen wissen, dass du Freunde in hohen Positionen hast, dann wollen sie sich mit dir verbinden und um deine Gunst werben, weil du wie eine Tür zu hohen Positionen bist. Die Bibel spricht von den Tagen, an denen **"zehn Männer aus allen Sprachen der Heidenvölker einen Juden beim Rockzipfel festhalten und zu ihm sagen werden: »Wir wollen mit euch gehen, denn wir haben gehört, dass Gott mit euch ist!«" Sacharja 8:23 SCH2000.**

Prinzipien des göttlichen Wohlstandes

Liebe Geschwister aus der Gemeinde des Erstgeborenen, diese Tage sind da. Aber bis wir uns dem Herrn ganz hingeben, bis wir in seinem Willen leben und seine Gunst auf uns sichtbar wird, werden wir solche Tage nicht erleben. Bist du es nicht leid, dass andere vor dir fliehen, wenn sie sehen, dass du deine Bibel in der Hand hast? Bist du es nicht leid abgelehnt zu werden, weil du in Christus neugeboren bist?

Wir leben aber in der Zeit, in der seine Gunst über der Gemeinde schwebt. Es ist an der Zeit, dass die Nationen um unsere Gunst werben. Es ist an der Zeit, dass sie mit ihren Bedürfnissen und Problemen zu uns rennen. Es ist an der Zeit, dass sie uns aufsuchen um Lösungen von oben zu finden. Wir müssen uns aber an dem Punkt der absoluten Hingabe unter den Willen Gottes befinden, unter den, der überall reagiert.

Wir müssen unsere eigene Weisheit abgeben, damit wir seine Weisheit empfangen. Wenn seine Herrlichkeit auf dich kommt, werden die, die sich vor dir versteckt haben, dich auf einmal aufsuchen. Die, die dich verspottet haben, werden dich feiern.

Hiob war so gesegnet, dass die Menschen um seine Gunst geworben haben. Er selbst beschrieb sein Leben so: „**21 Auf mich hörte und wartete man und lauschte stillschweigend auf meinen Rat. 22 Auf mein Wort folgte kein Widerspruch, und meine Rede träufelte auf sie. 23 Sie harrten auf mich, wie auf einen Regen, und sperrten ihren Mund auf wie nach einem Spätregen. 24 Ich lächelte ihnen zu, wenn sie kein Zutrauen hatten, und das Licht meines Angesichts konnten sie nicht trüben."** Hiob 29:21-24 SCH2000. So wie du dich dem Herrn hingibst, mögen sich die Menschen nach deinem Wort sehnen. Mögen sie dir mit Erwartung zuhören! Mögen sie um deinen Rat bitten! Mögen sie nach einem Lächeln von dir trachten. Möge das Licht deines Angesichts für sie wertvoll sein! Amen!

Sich hingeben bedeutet sich versöhnen mit Gott
„21 Versöhne dich doch mit Ihm und mache Frieden! Dadurch wird Gutes über dich kommen.

Prinzipien des göttlichen Wohlstandes

22 Nimm doch Belehrung an aus seinem Mund und lege seine Worte in dein Herz! 23 Wenn du zu dem Allmächtigen umkehrst, so wirst du aufgerichtet werden, wenn du die Ungerechtigkeit aus deinem Zelt entfernst. 24 Wirf das Gold in den Staub und das Ophirgold zu den Steinen der Bäche, 25 so wird der Allmächtige dein Gold und dein erlesenes Silber sein! " Hiob 22:21-25 SCH2000

Bist du auf der Suche nach Wohlstand? Es gibt einen besseren Weg um erfolgreich zu sein: Lass den Wohlstand auf der Suche nach dir sein. Wenn sich Gottes Kinder mit Gott versöhnen und immer im Frieden mit ihm bleiben, dann wird sich der Wohlstand auf die Suche nach ihnen machen.

Sich versöhnen bedeutet hier sich unter die Autorität, den Willen oder die Macht eines anderen unterzuordnen. Es bedeutet sich voll und ganz dem anderen hinzugeben. Auf diese Weise kommt Wohlstand zu uns. Dieses Prinzip aus dem Vers 21 behandeln wir unter dem Thema Reife.

Vorerst schauen wir uns Vers 24 und 25 an, wo das Prinzip der Unterordnung auf eine andere Weise betont wird. Diese Verse besagen, dass das Hergeben von allem, was man hat, dem ganzen Besitz, ein Weg ist um Gott und alles was ihm gehört zu bekommen. Was ist das eine, das dir so wertvoll ist? Gib es dem Herrn und Gott wird alles für dich sein. Möchtest du, dass Gott dein Gold und dein erlesenes Silber wird? Dann gib alles auf und begebe dich ganz in Gottes allmächtige Hand.

Prinzip Nr. 7

Eine starke Beziehung zu Jesus

Nachdem König David seinen gesamten Reichtum, den er als König erhalten hatte, Gott geweiht hatte, betete er in seinen letzten Tagen auf Erden ein kraftvolles Gebet zu Gott. Ein Teil seines Gebets war, „**12 Reichtum und Ehre kommen von dir! Du herrschst über alles; in deiner Hand stehen Kraft und Macht; in deiner Hand steht es, alles groß und stark zu machen!**" 1. Chronik 29:12 SCH2000.

In der Einleitung sagten wir, dass die Fähigkeit Wohlstand zu erlangen, von Gott kommt. Es kommt mir so vor als hätten viele Menschen diese Tatsache noch nicht verstanden. Deshalb gibt es viele, die ihre Seele für falschen Reichtum des Teufels und seines Systems hergeben. Wenn du göttlichen Wohlstand finden und genießen möchtest, dann musst du wissen und vollständig einsehen, dass wahrer Reichtum und Ehre nur vom Herrn kommen.

Das Streben nach Wohlstand führt bei vielen zu einer leidenden Beziehung zu Gott und letztendlich zu einer geistlichen Belastung. Für diese wird Wohlstand zum Fluch statt zum Segen.

Die Notwendigkeit von Reife
Weil Gott der beste Vater im ganzen Universum ist, begrenzt er bei manchen den Wohlstand in Bezug auf Geld und Reichtum, um zu verhindern, dass sie sich selbst schaden. Als Jugendlicher hatte ich Freunde, die so viel Geld erhielten, dass sie damit nicht umgehen konnten und das hat sie letztendlich zerstört. Das Geld hat sie von ihrem Studium abgelenkt und von einem disziplinierten Lebensstil abgehalten. Weil der Herr das Ende bereits am Anfang sieht, segnet er uns so, dass alle unsere Bedürfnisse erfüllt werden, wir aber nicht reich werden. Es ist das Minimum für jedes Kind Gottes, dass alle

Prinzipien des göttlichen Wohlstandes
Bedürfnisse erfüllt werden! Weil sich das Leben aber nicht nur um uns dreht, sollten wir uns um andere kümmern und ein Segen für die Welt um uns herum sein. Reich zu sein ermöglicht uns diese Berufung stressfrei zu erfüllen.

Wir werden reife Söhne und Töchter, wenn wir verstehen, dass der Segen, der durch unsere Hände fließt, an unsere Mitmenschen weitergegeben werden sollte. Wenn wir realisieren, dass das Königreich, sein Volk und seine potentiellen Bürger im Zentrum der Segen stehen, die der König über uns ausschüttet, dann fangen wir an die Reife der Heiligen zu erreichen. Eine typische Eigenschaft von Kindern ist, dass sie hamstern und nur an sich denken.

Geistliche Unreife ist das größte Hindernis, das einen von einem gesegneten Leben im Überfluss abhält. Apostel Paulus beschrieb den Zustand der meisten von uns mit folgenden Worten: „**1 Ich sage aber: Solange der Erbe unmündig ist, besteht zwischen ihm und einem Knecht kein Unterschied, obwohl er Herr aller Güter ist; 2 sondern er steht unter Vormündern und Verwaltern bis**

zu der vom Vater festgesetzten Zeit. 3 Ebenso waren auch wir, als wir noch unmündig waren, den Grundsätzen der Welt als Knechte unterworfen." Galater 4: 1-3 SCH2000.
Die eigentlichen Fragen sind: „Kann Gott dir wahren Reichtum anvertrauen?", „Kannst du gesegnet sein und für andere ein Segen sein um Gottes Königreich zu erweitern?".

Wie eine starke Beziehung aussieht
„Und befolge die Anordnungen des Herrn, deines Gottes, dass du in seinen Wegen wandelst, seine Satzungen, seine Gebote, seine Rechte und seine Zeugnisse hältst, wie es im Gesetz Moses geschrieben steht, damit du Gelingen hast in allem, was du tust und wohin du dich wendest;" 1. Könige 2:3 SCH2000.
Nach dem Willen Gottes zu wandeln ist der sicherste Weg um an einen Ort des Wohlstands im Überfluss zu kommen. Wenn wir zulassen, dass der Geist Gottes in uns und das Wort Gottes unser Tun und Handeln bestimmen, dann wandeln wir im Willen des Herrn und halten uns an seine Gebote. So werden wir in allem erfolgreich sein. In gewissem Sinne ist dein Wohlstand unabhängig von dem, was du tust. Die Bibel sagt, dass du in allem erfolgreich sein wirst, egal, was du tust. Dein Erfolg ist abhängig von deinem Gehorsam gegenüber dem Wort und der Stimme Gottes.

Prinzipien des göttlichen Wohlstandes
David hat den Ratschlag, den er seinem Sohn Salomo in der oben zitierten Passage gab, selbst befolgt. Da er ein Mann des Wortes Gottes war, ließ er sich von den alten Prinzipien inspirieren, die Mose den Israeliten überreichte, bevor sie in das verheißene Land eintraten: **„33 sondern wandelt in allen Wegen, die euch der Herr, euer Gott, geboten hat, damit ihr lebt und es euch gut geht und ihr lange bleibt in dem Land, das ihr besitzen werdet!" 5. Mose 5:33 SCH2000** und **„8 So bewahrt nun die Worte dieses Bundes und tut sie, damit ihr Gelingen habt in allem, was ihr tut!" 5. Mose 29:8 SCH2000**

Die Kraft des Wortes Gottes:
„8 Lass dieses Buch des Gesetzes nicht von deinem Mund weichen, sondern forsche darin Tag und Nacht, damit du darauf achtest, alles zu befolgen, was darin geschrieben steht; denn dann wirst du Gelingen haben auf deinen Wegen, und dann wirst du weise handeln!" Josua 1:8 SCH2000.
Dieses Prinzip verlangt nicht nur Gehorsam gegenüber Gottes Wort, sondern auch das Aufbewahren im Herzen, das Meditieren und das Proklamieren in verschiedenen Situationen. Das Wort Gottes ist reaktionsfreudig und effektiv. Wenn wir uns aneignen, Gottes Wort in jeder

Situation zu verwenden, werden wir sicherlich ein wohlhabendes Leben genießen. Wenn wir über Gottes Wort meditieren, dann bewahren wir es in unseren Herzen und wissen stets was wir wann und wie sagen sollen.

Das hebräische Wort für „meditieren" lautet „hagah" und bedeutet aus Vergnügen zu murmeln, zu flüstern, zu sprechen, zu reden oder sich zu äußern. Daher sollten wir nicht nur über Gottes Wort nachdenken (vor uns hinmurmeln), sondern wir sollten damit in Situationen hineinsprechen und es proklamieren.

Göttliche Anweisungen entschlüsseln
„Ich will dich unterweisen und dir den Weg zeigen, auf dem du wandeln sollst; ich will dir raten, mein Auge auf dich richten."
Psalm 32:8 SCH2000.

Die Fähigkeit, Gottes Anweisungen zu entschlüsseln, wird durch geistliche Reife und eine starke Beziehung zu Jesus entwickelt. Dein Wohlstand hängt von deiner Fähigkeit ab, Anweisungen zu entschlüsseln und zu befolgen. Wenn du dich mit wohlhabenden Christen unterhältst, versichere ich dir, dass sie dir erzählen werden, wie sie einmal etwas

Prinzipien des göttlichen Wohlstandes
Lächerliches getan haben, weil sie glaubten, dass es eine Göttliche Anweisung war. Denke an die Schunamitin und Elisa oder an die Ehefrau des Propheten und Elisa.

Erinnere dich an Isaak, wie er inmitten einer schweren Hungersnot die göttliche Anweisung erhielt, nicht wegzuziehen, wie er es vorhatte, sondern trotzt der Dürre Samen zu säen. Im Gehorsam gegenüber dieser göttlichen Anweisung säte er und erntete das Hundertfache. Er wurde trotzt Hungersnot sehr reich, weil er diese göttliche Anweisung richtig entschlüsseln konnte.

Was ist mit Jakob? Trotzt Ausbeutung und Leid durch seinen Onkel Laban erhielt er im Traum eine göttliche Anweisung, die ihm den Wohlstand brachte. In beiden Fällen standen Glaube und Gehorsam im Mittelpunkt ihrer Beziehung zu Gott.

Manchmal spricht er durch andere
„Wer auf das Wort achtet, wird Gutes erlangen, und wohl dem, der auf den Herrn vertraut!" Sprüche 16:20 SCH2000.

Es gibt niemanden, der alles weiß. Manchmal ist es nötig, dass unsere geprüften und bewährten Prinzipien oder Ideen angepasst werden müssen, ohne dass wir uns dessen bewusst sind. Eine offene Haltung gegenüber Ideen und Anweisungen anderer ist ein sicherer Weg zum Erfolg.

Nichts führt schneller zum Ruin und Armut wie das strenge Einhalten von alten Wegen, Ideen und Methoden. Die Bibel sagt, **„12 Mancher Weg erscheint dem Menschen richtig, aber zuletzt führt er ihn doch zum Tod." Sprüche 14:12 SCH2000.** Das Wort „Tod" wird in manchen Übersetzungen mit „Untergang" übersetzt. Gottes Wege und Gesetzte sind ewig und unveränderlich, aber die Methoden, die er anwendet, variieren von Mensch zu Mensch und von Umständen zu Umständen. Deshalb müssen wir offen sein für die Anweisungen anderer und für die Führung des Heiligen Geistes, um die Fallgruben und Hindernisse auf dem Weg zum Wohlstand zu umgehen.

Prinzipien des göttlichen Wohlstandes

Wie offen bist du für Anweisungen, die deinen durchdachten Plänen oder Methoden scheinbar entgegenstehen? Wie offen bist du für neue Ideen und Prinzipien? Um erfolgreich zu werden und zu bleiben, musst du die Prinzipien der Offenheit praktizieren.

Prinzip Nr. 8

Verstehe die Kraft des Segens

Die Kraft des Segens
„22 Der Segen des Herrn macht reich, und [eigene] Mühe fügt ihm nichts hinzu." Sprüche 22:10 SCH2000.
„Der Segen des Herrn macht einen reich und er fügt kein Leid hinzu." Sprüche 22:20 übersetzt nach NKJV.

Was einen also reich macht, ist der Segen des Herrn. Der zusätzliche Vorteil ist, dass er kein Leid mit sich bringt. Es gibt viele Reiche, mit denen man, trotz all ihren Reichtums, ungern tauschen möchte. Warum? Wegen des Leids, das sie durchmachen. Deshalb nehmen viele Drogen, um ihren Schmerz und ihr Leid zu unterdrücken. Wenn sie es nicht mehr aushalten, versuchen sie es mit Selbstmord. Es

Prinzipien des göttlichen Wohlstandes
scheint so, als wäre es keine Überraschung mehr, wenn Reiche sich das Leben nehmen.

Bis du die wahre Quelle des Wohlstands von jemanden kennst, ist es Torheit ihn zu bewundern oder sich an seine Stelle zu wünschen. Es ist der Segen des Herrn, der den Unterschied zwischen Menschen mit dem gleichen Potential bewirkt. Jemand mit wenig Potential, aber mit dem Segen des Herrn, ist größer als jemand mit viel Potential, aber ohne den Segen des Herrn. Der Segen bringt die Skala auf ein unvergleichliches Niveau. Und Gott hat die Menschen berufen um uns seinen Segen zu geben.

Es liegt Kraft im Segen. Jakob wurde durch die Kraft von Isaaks Segnung vor seinen älteren Zwillingsbruder Esau gestellt. Jakobs Segnung stellte Ephraim vor Manasse. Als Gott den Menschen erschuf, hatte er den Menschen noch vor dem Sündenfall mit einem Segen der Herrschaft und Vermehrung bevollmächtigt. Als er Abraham berief, versprach er ihm, ihn zu segnen, aber dieser Segen wurde erst durch Melchisedek in Gang gesetzt, wie die nächste Bibelstelle zeigt.

Abraham verstand die Kraft des Segens

„18 Aber Melchisedek, der König von Salem, brachte Brot und Wein herbei. Und er war ein Priester Gottes, des Allerhöchsten. 19 Und er segnete ihn und sprach: Gesegnet sei Abram von Gott, dem Allerhöchsten, dem Besitzer des Himmels und der Erde! 20 Und gelobt sei Gott, der Allerhöchste, der deine Feinde in deine Hand gegeben hat! Und [Abram] gab ihm den Zehnten von allem." 1. Mose 14: 18-20 SCH2000.

Der Segen ist ein wichtiger Aspekt deines Lebens, den du nicht vernachlässigen solltest. Es gibt Väter und Mütter in deinem Leben, die von Gott berufen sind, Segen in dein Leben hineinzusprechen. Normalerweise sind es deine leiblichen Eltern, aber geistliche Eltern können auch Überträger des Segens sein. Jesus ist gestorben, damit der Segen Abrahams zu uns Heiden kommt.

Prinzipien des göttlichen Wohlstandes

Nachdem Abraham den Segen Melchisedeks empfangen hatte, war er so davon überzeugt, dass sich sein Leben auf Gottes versprochenem Segen aufbauen wird, dass er die Geschenke des Königs von Sodom ablehnte: „**22 Abram aber sprach zu dem König von Sodom: Ich hebe meine Hand auf zu dem Herrn, zu Gott, dem Allerhöchsten, dem Besitzer des Himmels und der Erde, 23 dass ich von allem, was dir gehört, nicht einen Faden noch Schuhriemen nehmen will, damit du nicht sagen kannst: »Ich habe Abram reich gemacht«!**" 1. Mose 14:22-23 SCH2000

Wenn ein Segen in dein Leben hineingesprochen wird und du ihn mit aller Kraft annimmst, dann verschiebt sich dein Fokus weg von Menschen hin zu Gott Jehova Jireh, der Quelle allen wahren Reichtums. Du betrittst eine Welt des Friedens, die die meisten Menschen weder kennen noch verstehen. Du kämpfst nicht mehr gegen Menschen oder Systeme, die von Menschen erschaffen wurden. Durch die Verschiebung deines Fokus entstehen unerwartete offene Türen, durch die der Reichtum der Heiden in dein Leben übertragen wird.

Es hat bei Jakob funktioniert

„3 Und Gott, der Allmächtige, segne dich und mache dich fruchtbar und mehre dich, dass du zu einer Menge von Völkern werdest, 4 und *er gebe dir den Segen Abrahams, dir und deinem Samen mit dir*, dass du das Land in Besitz nimmst, in dem du als Fremdling lebst, das Gott dem Abraham gegeben hat! 5 So entließ Isaak den Jakob, und er zog nach Paddan-Aram zu Laban, dem Sohn Bethuels, dem Aramäer, dem Bruder der Rebekka, der Mutter Jakobs und Esaus." 1. Mose 28:3-5 SCH2000 (Hervorhebung hinzugefügt).

Abrahams Segen wurde durch die Worte Isaaks auf Jakob übertragen. Obwohl alle Nachfahren Abrahams Zugang zum Segen Abrahams hatten, hatte Jakobs Segen einen besonderen Umfang, weil er so von Isaak übertragen wurde. Wir können die wichtige Rolle, die Menschen als Überträger von göttlichen Segnungen spielen, nicht überbewerten.

Prinzipien des göttlichen Wohlstandes

Jakob, der das Haus seines Vaters mit nur einem Stock und keinem materiellen Erbe verließ, wurde erfolgreicher als sein Bruder, der das materielle Erbe zwar bekam, jedoch den Segen verpasste. Wenn Segen in dein Leben hineingesprochen wird, trägst du ihn überall mit dir und er wirkt Wunder für dich.

Du bist ein Kandidat

"13 Christus hat uns losgekauft (…) 14 damit der Segen Abrahams zu den Heiden komme in Christus Jesus, damit wir durch den Glauben den Geist empfingen, der verheißen worden war." Galater 3:13-14 SCH200

Durch den Tod unseres Herrn Jesus Christus am Kreuz wurden du und ich Kandidaten für den Segen Abrahams. Es gibt zwei Überträger dieses Segens in dein Leben: Die Segnung eines geistlichen Vaters oder Mutter, die über dich gesprochen wird, und die Proklamierung aus deinem Mund in Übereinstimmung mit dem, was die Bibel sagt.

Das Wort in dein Leben hineinzusprechen ist essentiell, aber es ist wahrscheinlich nicht ausreichend, um vollständig in Abrahams Segen zu kommen. Der Segen, den du für dich proklamierst, und der ausgesprochene Segen eines Vaters oder einer Mutter fügen sich zusammen, um den Segen Abrahams in deinem Leben zu verwirklichen, der dir durch den Tod unseres Herrn Jesus Christus zusteht.

Prinzip Nr. 9

Setze das Königreich Gottes an erste Stelle

In Matthäus 6:33 macht unser Herr Jesus Christus eine bemerkenswerte Aussage, auf die jeder sein Leben aufbauen könnte. Er sagte, „**33 Trachtet vielmehr zuerst nach dem Reich Gottes und nach seiner Gerechtigkeit, so wird euch dies alles hinzugefügt werden!**" Dies sagt aus, dass wir, wenn wir Gottes Königreich und Gerechtigkeit zu unserer Priorität im Leben machen, ein Leben in Mangel hinter uns lassen. Es geht nicht nur darum nach Gottes Königreich oder nach seiner Gerechtigkeit zu trachten, sondern nach beidem.

Aus der Bibel lernen wir, dass Jesus Christus unsere Gerechtigkeit von Gott geworden ist. Wenn wir nach Jesus Christus und der Ausbreitung seines Königreiches streben, indem wir über das wahre Evangelium predigen, über das

Evangelium vom Kreuz, das uns von unseren Sünden befreit, dann machen wir Christus und sein Königreich zur Priorität in unserem Leben. Dann sollten mindestens unsere Grundbedürfnisse versorgt sein. „Dies alles" aus dem obigen Bibelvers bezieht sich auf das, was im selben Kapitel im Buch Matthäus vorher aufgelistet wird. Während viele Prediger den Vers falsch interpretieren als „alles andere", meinte der Herr mit „dies alles" die Dinge, die er zuvor beschrieben hatte. Dazu gehört, was du isst und trinkst, was du anziehst (Verse 24-31) und als natürliche Folge, wo du lebst und wie du von einem Ort zum anderen kommst.

Daher ist Armut und Mangel in jeder Form, besonders im Bereich der Grundbedürfnisse, niemals der Wille Gottes für seine Kinder. Der Herr Jesus sagte, dass der Vater weiß, dass wir diese Grundbedürfnisse haben und wenn wir uns hauptsächlich auf sein Königreich fokussieren, dann werden wir sie erfüllt bekommen. Lasst uns einen Fall in der Bibel anschauen, in dem einige Menschen an Mangel litten, weil sie das Königreich Gottes vernachlässigt hatten.

Prinzipien des göttlichen Wohlstandes

Schuften wie ein Elefant, ernten wie eine Ameise

„3 Da erging das Wort des Herrn durch den Propheten Haggai folgendermaßen:
4 Ist es aber für euch an der Zeit, in euren getäfelten Häusern zu wohnen, während dieses Haus in Trümmern liegt? 5 Und nun, so spricht der Herr der Heerscharen: Achtet doch aufmerksam auf eure Wege! 6 Ihr sät viel und bringt wenig ein; ihr esst und werdet doch nicht satt; ihr trinkt und habt doch nicht genug; ihr kleidet euch und werdet doch nicht warm; und wer einen Lohn verdient, der legt ihn in einen durchlöcherten Beutel!" Haggai 1:3-6 SCH2000.

Womöglich kannst du dich mit dieser Beschreibung identifizieren: dein Grundbedarf an Essen, Trinken und Kleidung ist nicht gedeckt. Du schuftest wie ein Elefant, aber du isst wie eine Ameise. Es könnte sein, dass du wie diese Menschen Gottes Arbeit vernachlässigst. Du hast deine eigenen Bedürfnisse höher gestellt als die Bedürfnisse des Königreichs.

Als die Israeliten aus der Verbannung zurückkehrten, haben sie erst einmal Häuser für sich gebaut und den Tempel des Herrn in Trümmern gelassen. Sie schoben den Wiederaufbau des Tempels immer wieder hinaus. Sie hatten die gute Absicht es zu tun, aber sie sagten sich immer wieder „Die Zeit ist noch nicht gekommen".

Wir beleidigen Gottes Souveränität, wenn wir unsere Bedürfnisse über die des Königreichs stellen. Wenn wir uns ins Zentrum unseres Lebens stellen, anstatt Gott im Zentrum zu behalten, bringen wir ihn dazu anders zu reagieren. Ich bin mir sicher, dass diese Menschen dachten, dass der Teufel hinter ihrer Not steckte, aber es war Gott selbst, der dafür sorgte, dass sie litten. Sie hätten die Ewigkeit damit verbringen können den Teufel und den Geist der Armut zu binden und es hätte sich nichts geändert. Warum? Weil Gott dafür verantwortlich war. Schau, was Gott zu ihnen sagte:

„7 So spricht der Herr der Heerscharen: Achtet doch aufmerksam auf eure Wege! 8 Geht auf das Bergland und holt Holz und baut das Haus! Dann werde ich Wohlgefallen daran haben und verherrlicht werden, spricht der Herr. 9 Ihr habt viel erwartet, doch siehe, es wurde wenig daraus; und brachtet ihr es heim, so blies

Prinzipien des göttlichen Wohlstandes

**ich es weg! Warum das? So spricht der Herr der Heerscharen: Um meines Hauses willen, das in Trümmern liegt, während jeder von euch eilt, um für sein eigenes Haus zu sorgen! 10 Darum hat der Himmel über euch seinen Tau zurückgehalten, und die Erde hat ihren Ertrag zurückgehalten. 11 Und ich habe die Dürre gerufen über das Land und über die Berge, über Korn, Most und Öl und über alles, was der Erdboden hervorbringt, auch über Menschen und Vieh und über alle Arbeit der Hände."
Haggai 1:7-11 SCH2000**

Du siehst also, dass Gott selbst ihre Erträge wegblies und nicht der Teufel. Er sorgte für eine Dürre bei allem, woran sie arbeiteten und nicht der Teufel. Das Vernachlässigen von Gottes Königreich ist eine offene Tür für den Fluch der Armut.

Wenn wir viel mehr investieren als wir zurückgewinnen, könnte dies ein Zeichen dafür sein, dass wir unter dem Fluch der Armut stehen. Wenn unser Einkommen nie für unsere Bedürfnisse auszureichen scheint, ist dies ein Zeichen der finanziellen Begrenzung. Manche denken, die

Lösung für Armut ist noch mehr zu arbeiten. Es gibt einen Platz für harte Arbeit, aber harte Arbeit ist nicht die Lösung für alles. Manche nehmen zusätzlich eine zweite und dritte Arbeitsstelle an, aber nichts scheint sich zu ändern. Dies geschieht, weil die Grundursache, nämlich das Vernachlässigen von Gottes Königreich, nicht angesprochen wird.

Vielleicht fragst du dich „Warum sind Ungläubige erfolgreich?" Meine Antwort ist zweifach: Erstens hast du nicht verstanden, worum es bei wahrem Wohlstand geht und solltest die Einleitung erneut lesen. Zweitens stehen sie nicht unter den Gesetzten des Königreichs, genauso wie du nicht unter den Gesetzen der Herrschaft Satans stehst.

Als das Volk Buße tat und mit dem Wiederaufbau des Tempels begann, sagte der Herr zu ihnen, **„15 Und nun, achtet doch aufmerksam darauf, wie es euch ergangen ist vor diesem Tag und früher, ehe man Stein auf Stein legte am Tempel des Herrn! 16 Bevor dies geschah, wenn man da zu einem Kornhaufen von 20 Scheffeln kam, so waren**

Prinzipien des göttlichen Wohlstandes

es nur 10; wenn man zur Kelterkufe kam, um 50 Eimer zu schöpfen, so waren es bloß 20! 17 Ich schlug euch mit Getreidebrand und mit Vergilben und Hagel, alles Werk eurer Hände; dennoch seid ihr nicht umgekehrt zu mir! spricht der Herr. 18 So achtet nun aufmerksam darauf, von diesem Tag an und weiterhin, vom vierundzwanzigsten Tag des neunten Monats an, von dem Tag an, da der Grundstein zum Tempel des Herrn gelegt worden ist, achtet darauf! 19 Liegt das Saatgut immer noch im Speicher? Hat auch der Weinstock, der Feigenbaum, der Granatapfel- und der Ölbaum noch nichts getragen? Von diesem Tag an will ich segnen! Haggai 2:15-19 SCH2000.

Gott bat sie ihr Leben, bevor sie sein Königreich an erste Stelle setzten, mit ihrem Leben, nachdem sie sein Königreich an erste Stelle setzten, zu vergleichen und sich den großen Unterschied bewusst zu machen. Ihre Erträge hatten sich deutlich vermehrt. Die Veränderung in ihrem Verhalten führte zu einer Verbesserung in ihren Finanzen.

Du kannst dich ebenfalls verändern und anfangen, Gottes Königreich als Priorität zu setzen. Suche nach Möglichkeiten Gottes Königreich zu fördern und setze sie in die Tat um. Du wirst überrascht sein, wie schnell der Durchbruch kommen wird.

Prinzip Nr. 10

Opfer und Bund mit Gott

Wir haben beim Prinzip #9 gesehen, wie wichtig es ist, Gottes Königreich an erste Stelle zu setzen, um in ein gesegnetes und erfolgreiches Leben einzutreten. Lasst uns nun kurz über die Macht des Opferns als Weg der Überführung in das Reich des Wohlstands sprechen.

Bund durch Opfer

Eine Möglichkeit, um mit Gott einen Bund zu schließen, ist ein Opfer für die Sache des Evangeliums. Der Herr sagte; „**5 »Versammelt mir meine Getreuen, die den Bund mit mir schlossen über dem Opfer!«** " **Psalm 50:5 SCH2000.** Diejenigen, die die Macht des Opferns verstehen und anwenden, gelangen in einen gesegneten Bund des Reichtums und der Fülle. Lies die Bibel durch und zeige mir jemanden, der einen Bund geschlossen hat und nicht finanziell ausreichend versorgt war! Im Gegenteil, alle die einen Bund durch ein Opfer geschlossen hatten, lebten im Überfluss.

Als der Herr versprach, Abraham groß zu machen, mit ihm einen Bund zu schließen, und seine Nachfahren zu vermehren (1. Mose 15:4-7), stellte Abraham eine wichtige Frage: **„8 [Abram] aber sprach: Herr, Herr, woran soll ich erkennen, dass ich es als Erbe besitzen werde? 9 Und Er sprach zu ihm: Bringe mir eine dreijährige Kuh und eine dreijährige Ziege und einen dreijährigen Widder und eine Turteltaube und eine junge Taube!" 1. Mose 15:8-9 SCH2000.**

Als Abraham fragte, wie er sicher sein könne, dass diese Verheißung erfüllt werde, bat der Herr ihn, ein Opfer zu bringen. Das Opfer diente dazu einen Segensbund zu schließen und die Erfüllung der Verheißung zu garantieren. Das Gleiche können wir auch bei David und Salomo und vielen anderen finden.

Prinzipien des göttlichen Wohlstandes

Auch du kannst den Kreislauf der Armut durch Opfer für das Königreich durchbrechen. Allerdings solltest du dich wegen der Betrüger da draußen von niemandem drängen lassen, sondern lasse es aus deiner persönlichen Beziehung mit Gott fließen und du wirst von den Ergebnissen überrascht sein.

Bund des Zehnten und Opfergaben

Ein weiterer Bereich des finanziellen Bundes mit Gott ist der Zehnte und Opfergaben. Als Gott Abraham berief, versprach er, ihn zu segnen und groß zu machen. Dieser Segen wurde umgesetzt, als Abraham Melchisedek traf und ihm einen Zehntel der Beute gab. In 1. Mose 12 sagte der Herr zu Abraham: „**2 Und ich will dich zu einem großen Volk machen und dich segnen und deinen Namen groß machen, und du sollst ein Segen sein. 3 Ich will segnen, die dich segnen, und verfluchen, die dich verfluchen; und in dir sollen gesegnet werden alle Geschlechter auf der Erde!**" 1. Mose 12:2-3 SCH2000.

Das Versprechen, gesegneten zu werden, wurde nun durch den Priester des Allerhöchsten umgesetzt: „**18 Aber Melchisedek, der König von Salem, brachte Brot und Wein herbei. Und er war ein Priester Gottes, des Allerhöchsten. 19 Und er segnete ihn und sprach: Gesegnet sei Abram von Gott, dem Allerhöchsten, dem Besitzer des Himmels und der Erde! 20 Und gelobt sei Gott, der Allerhöchste, der deine Feinde in deine Hand gegeben hat! Und [Abram] gab ihm den Zehnten von allem.**" 1. Mose 14:18-20 SCH2000.

Der Zehnte sollte den Segen versiegeln und einen Bund des finanziellen Wohlstands schließen. Deshalb lehnte Abraham das Angebot des Königs von Sodom ab, da er verstand, dass er durch die Verheißung, den tatsächlichen Segen und die Versiegelung des Segens einen finanziellen Bund mit Gott geschlossen hatte. Also gab es den Zehnten schon vor dem Gesetz, es gab den Zehnten während des Gesetzes und nach dem Gesetz gibt es den Zehnten immer noch.

Prinzipien des göttlichen Wohlstandes
Gottes Herausforderung an dich
Im Wort gibt es nur einmal eine Einladung des Herrn, ihn zu prüfen, nämlich im Bereich des Zehnten. Du musst verstehen, dass jedes Kind Gottes den Zehnten zahlt. Du zahlst ihn entweder dem Fresser oder Gott. Die, die sich weigern, den Zehnten zu zahlen, kommen nicht in die Segnungen, die mit dem Zehnten verbunden sind. Zusätzlich öffnen sie dem Fresser die Tür zu ihren Finanzen.

Ich habe noch keinen treuen Zehntenzahler gesehen, der in Armut lebt. Der Herr sagt, wenn du bei deinem Zehnten treu bist, wird er die Fenster des Himmels öffnen und so viel Segen in dein Leben gießen, dass du gezwungen bist mit anderen zu teilen, weil du nicht genug Platz hast um es für dich alleine zu behalten.

Ein weiterer Punkt ist, dass du, wenn du es nicht schaffst deinen Zehnten zu zahlen, Gott beraubst. Aber keiner, der Gott beraubt, kann unter göttlichem Segen stehen. Es steht geschrieben: **"8 Darf ein Mensch Gott berauben, wie ihr** mich beraubt? Aber ihr fragt: »Worin haben wir dich beraubt?« In den Zehnten und den Abgaben! 9 Mit dem Fluch seid ihr verflucht worden, denn ihr habt mich beraubt, ihr, das ganze Volk! 10 Bringt den Zehnten ganz in das Vorratshaus, damit Speise in meinem Haus sei, und prüft mich doch dadurch, spricht der Herr der Heerscharen, ob ich euch nicht die Fenster des Himmels öffnen und euch Segen in überreicher Fülle herabschütten werde! 11 Und ich will für euch den Fresser schelten, dass er euch die Frucht der Erde nicht verdirbt und dass euch der Weinstock auf dem Feld nicht fruchtleer bleibt, spricht der Herr der Heerscharen. 12 Und alle Heidenvölker werden euch glücklich preisen; denn ihr werdet ein Land des Wohlgefallens werden, spricht der Herr der Heerscharen." Maleachi 3:8-12 SCH2000.

Als ich ein junger Gläubiger war, teilte mein Seelsorger diesen Bibelvers mit mir. Nachdem ich mein Taschengeld bekommen hatte, gab ich dem Herrn sofort innerhalb

Prinzipien des göttlichen Wohlstandes
eines Monats elf Prozent. Nach ein paar Monaten erhöhte ich auf zwölf, dann auf 15, dann auf 20 Prozent.

Als ich dann im Herrn vier Jahre alt war, habe ich 30 Prozent meines Einkommens dem Herrn gegeben. Ich hatte eine Quelle des Segens und Steigerung gefunden. Tatsächlich musste meine geistliche Mutter mich anrufen und bitten auf zwölf oder 15 Prozent herunterzugehen und mich langsam zu steigern.

Wenn ich zurückblicke, bereue ich nicht, Gott aufopferungsvoll gegeben zu haben. Es öffnete Türen für meinen finanziellen Segen. Sieben Jahre studierte ich in den USA, davon zweieinhalb Jahre für einen Masterabschluss als anerkannter Physiklehrer. Ich habe nur im ersten Semester meine Studiengebühren und Lebensunterhaltskosten selbst finanziert. Für die weiteren vier Semester wurde ich von einer christlichen Organisation finanziell unterstützt. Als Doktorand auf der University of Maryland, College Park, bekam ich ein Vollstipendium für neun Semester. Diese Studiengebühren und Lebensunterhaltskosten können sich auf hunderttausende von Dollar belaufen, die ich mir niemals hätte leisten können. Während andere ihr Studium mit hohen Schulden abschließen, war ich nach meinem Abschluss schuldenfrei. Du siehst, Gott ist seinem Wort und den Prinzipien darin treu. Sie abzulehnen ist zu deinem Nachteil und sie konsequent zu befolgen, wird dir stets Segen und Wachstum bringen.

Schlusswort

Gott möchte, dass es uns gut geht und dass wir auf unserem Lebensweg erkennbar Fortschritte machen. Wenn du auf dein Gestern zurückschaust, sollte dein Heute im Vergleich dazu näher herangekommen sein an den Mann, die Frau, den Junge oder das Mädchen, zu dem dein Schöpfer dich berufen hat. Bedenke, dass das Hauptziel von Wohlstand ist, dich als Botschafter Christi freizusetzen. Reichtum macht es möglich all das zu tun, wozu du berufen wurdest.

Viele fühlen sich durch fehlende Finanzen begrenzt, wenn es um die Erfüllung ihrer von Gott gegebenen Berufung geht. Gottes Plan für sein Volk ist, dass sie Arbeitgeber werden. Wenn du ein Arbeitgeber wirst, kannst du dir die Zeit nehmen um als Botschafter des Kreuzes von Jesus zu arbeiten. Es gibt dir einen größeren Einflussbereich um sowohl menschliche als auch materielle Ressourcen für die Ausbreitung des Königreichs Christi auf Erden zu nutzen.

Gott verspricht uns: "**5 Fremde werden dastehen und euer Vieh weiden, und Ausländer werden eure Bauern und eure Weingärtner sein; 6 ihr aber werdet Priester des Herrn heißen, und man wird euch Diener unseres Gottes nennen. Ihr werdet den Reichtum der Nationen genießen und in ihre Herrlichkeit eintreten." Jesaja 61:5-6 SCH2000**

Wenn Fremde dein Vieh weiden und Ausländer deine Felder bearbeiten, dann bist du ein Arbeitgeber. Andere arbeiten für dich, damit du Priester des Herrn und Diener deines Gottes genannt werden kannst.

Ein Weg den Dienst zu erfüllen, ist, Arbeitgeber zu werden. Starte dieses Unternehmen, dieses Geschäft, diese Schule, diese Klinik usw. und schaue, wie Gott es erweitert, mehr als du es dir jemals erträumt hast. Du ernährst dich vom Wohlstand der Nationen und rühmst ihren Reichtum, weil sie dir gehören. Der einfachste Weg Wohlstand von

Prinzipien des göttlichen Wohlstandes
anderen auf dich zu übertragen, ist, ein Unternehmen zu gründen, das die Bedürfnisse der Menschen um dich herum befriedigt.

www.ingramcontent.com/pod-product-compliance
Lightning Source LLC
Chambersburg PA
CBHW030155100526
44592CB00009B/285